꿈을 연주하는 여든의 노래

김상헌 지음

행복의 원칙은

첫째, 어떤 일을 할 것.

둘째, 어떤 사람을 사랑할 것.

셋째, 어떤 일에 희망을 갖는 것이다.

– 임마누엘 칸트

이 도서의 국립중앙도서관 출판예정도서목록(CIP)은 서지정보유통지원시스템 홈페이지(http://seoji.nl.go.kr)와 국가자료종합목록 구축시스템(http://kolis-net.nl.go.kr)에서 이용하실 수 있습니다. (CIP제어번호 : CIP2019031460)

죽는 날까지 청춘으로 살고 싶다

꿈을 연주하는
여든의 노래

김상헌 지음

ACN
Platform
Business

한누리미디어

죽는 날까지 청춘으로 살고 싶어

인세 수입에 대해 "잠자는 동안에도 돈이 들어오는 방법을 찾지 못한다면 당신은 죽을 때까지 일을 해야만 할 것이다"라고 하여 더욱 유명한 워런 버핏(Warren Buffett)은 1930년 8월 생으로 올해 나이 90세입니다.

미국의 세계적인 경제잡지 『포브스』(The Forbes)에 따르면 그는 2019년 현재 세계 부자서열 3위로 그의 재산은 우리 돈으로 95조원에 이른다고 합니다. 지금도 왕성하게 일을 하고 있는 그는 '건강 비결은 일을 멈추지 않는 것'이라고 대답하면서, 은퇴 계획 또한 '5년이나 10년 후 쯤에나 생각해 볼 것'이라고 하여 그야말로 죽을 때까지 일할 의지를 분명히 밝히고 있습니다.

또 오래 된 사례로, 미국 제22대 대통령 그로버 클리블랜드(Grover Cleveland, 1837~1908) 시절인 1886년에 태어난

시드니 앰버(Sidney Amber)라는 사람은 104세가 되던 해인 1990년에 새로운 일을 시작했습니다. 당시 미국 TV에 소개된 그는 샌프란시스코의 한 식당에서 일했는데 매일 4시간 이상 쉬지 않고 고객들을 맞으며 인사를 나누었답니다. 그가 고객들에게 자신의 나이를 맞춰 보라고 하자 72세, 82세 등의 대답이 나왔을 뿐 100세를 훨씬 넘겼다고는 아무도 생각하지 못했습니다.

그 당시 TV방송 앵커는 시드니 앰버의 장수 비결은 무엇보다 일이라는 자극제라고 언급하면서 즐겁게 일하고 그 일을 더 잘 하기 위해 매 순간 생각하며 실천해 온 것이 치매의 공포에서 벗어나 건강과 함께 장수를 선물 받았다는 것입니다. 그리고 그는 109세까지 건강하게 일하다가 죽었습니다.

나도 그들처럼 일이라는 자극제로 다독이며 죽는 날까지 청춘으로 살고 싶습니다. 앞으로 나는 내가 하는 일에 최선을 다 하기 위해 끊임없이 연구하고 움직이면서 뇌의 집중력을 강화하고 건강하게 살아갈 것입니다.

87세인 요즘 나는 새벽운동으로 매일 하던 테니스 대신 오전 5시에 일어나 새벽 산책을 합니다. 건국대학교 앞의 우리 집에서 뚝섬유원지를 한 바퀴 돌아오는 1만여 보의

코스입니다.

이 새벽 산책은 누구에게도 방해 받지 않고 오로지 나자신에게만 집중할 수 있어 좋습니다. 더욱더 좋은 것은 계절에 따라 바뀌는 한강변의 풍경입니다. 변화하는 풍경들은 때로 내게 새로운 영감을 주기도 합니다.

어느 날 새벽길에서 문득《여든도 젊다!》를 펴낸 지도 꽤 오래 되었음을 상기하면서 "그래 '여든도 젊다' 출간 이후의 내 삶과 일(부동산과 인생 – 부동산을 통해 얻어지는 삶의 지혜와 보람)을 다시 정리해 보자"는 생각이 떠올랐습니다. 나이를 의식하지 않고 줄기차게 전진하는 내 모습을 후배들에게 보여주고 또 그들에게 무엇인가 도움이 되는 책을 내보자는 편집 방향을 설정하고 원고를 쓰기 시작했습니다.

그러던 중 네트워크 마케팅으로 비즈니스를 하는 직접 판매회사 ACN을 만나게 되었고, 평소 친분이 두터웠던 정경수 교수의 소개로 ACN의 최지나 사장을 만나 사업을 소개 받았습니다.

당시 최 사장이 하신 말씀 중 '4차 산업혁명과 플랫폼 비즈니스'라는 말이 내 가슴에 와 닿았습니다. 마침 원고를 쓰면서 내가 예측했던 것보다 세상이 훨씬 급격하게 변했다는 것을 절감하고 있던 즈음이라서 최 사장의 말이 더욱 실감되었습니다.

나는 나름대로 항상 어렴풋이나마 1972년 로마클럽 보고서 중 "연못에 수련이 가득 차는 데는 하루면 충분하다"는 말을 떠올리며 살아왔습니다. 그러나 정작 원고를 쓰면서 요즘의 급격한 변화는 가늠할 수 없는 것조차 많아 곤혹스럽기까지 한 적도 있었습니다.

그동안 나는 인터넷에 부동산 상품을 접목해 성공적으로 사업을 꾸려 왔고, 나름 변화하는 시대의 흐름에 잘 적응해 왔다고 자부하고 있었는데 최지나 사장의 '4차 산업혁명과 플랫폼 비즈니스'는 매우 생소한 딴 나라 이야기였습니다.

네트워크 마케팅이 요즘 시대의 흐름에 맞게 플랫폼이라는 인터넷 공간을 기반으로 비즈니스를 한다는 발상 자체에 매료되고 만 것입니다. 네트워크 마케팅을 더 공부해 보니 지난 1940년대부터 시작되어 80여 년 동안 가장 합법적이고 효율적인 판매 채널로 성장하고 정착되었다는 것을 알게 되었습니다.

미국의 경우 통계를 보면 18년 전인 지난 2001년 현재 연간 판매액은 2천억 달러에 회원 800만 명이고, 전 세계적으로는 1조 달러어치에 이르는 다양한 제품과 서비스가 3,000만 명에 달하는 독립 네트워크 판매원(네트워커)에 의해 판매되고 있다는 통계 수치를 접하게 되었습니다.

나는 우리나라에 처음으로 부동산 상품을 인터넷에 연결하여 사업함으로써 부동산 업계가 인정해 주는 성공한 사업자입니다. 나는 인터넷의 효능을 잘 압니다. 무점포이며 투잡(Two Job)도 가능한 네트워크 마케팅이 점포가 꼭 있어야 하는 사업이며 전문 자격증을 가져야 창업할 수 있는 부동산 중개업에 비해 결코 경쟁력이 뒤떨어지는 비즈니스가 아니라는 사실을, 어느 면에서는 부동산 중개업보다 더 좋은 점도 있다는 것을 압니다.

나는 부동산업계 후배들에게 이 사실을 알려 주고 싶었습니다. 그들에게 내 명예를 걸고 'ACN 플랫폼 비즈니스'를 자신 있게 추천합니다. 그래서 당초의 출판 계획을 바꿔 내가 활동 중인 'ACN 플랫폼 비즈니스'를 소개하는 책을 만들기로 한 것입니다.

더불어 ACN Network Marketing 활동은 나에게는 건강을 유지하는 활동이고 취미이며 주위와 사회에 공헌하는 창구입니다. 나는 이 사업에 꼭 성공할 것이며, 미국에서

이 사업을 성공하여 세계적인 빈민구호단체를 설립한 마케터를 본받고 싶습니다.

이제 나는 'ACN 플랫폼 비즈니스'에 다시 안테나를 높이 세워 낙관의 전파를 수신하며 사무엘 울만(Samuel Ullman, 1840~1924)의 '청춘'의 길에 나서렵니다.

삼가 격려와 관심을 부탁드리며 부동산 중개업계 선후배들과 새로운 길에서 만난 ACN 멘토와 동료들에게 이 책을 드립니다.

CONTENTS

차례

제품소개
Products

최고의 성공 파트너, ACN

ACN이 제공하는 일상의 필수 서비스로 성공의 기회를 만나보십시오

플래시 모바일

국내 대표적인 통신사(KT, LG U+)의
통신망을 이용한 소비자 중심의
합리적인 통신서비스 제공

가입신청 ›

라이프 서비스
베네비타

Change your Body, Change your Life!
자연원료와 첨단과학이 만나 선사하는 건강한 활력에너지

제품구매 ›

ACN 시큐리티 플랫폼 서비스

보안에서부터 오토메이션까지!
국내 최고 보안서비스 제공사들의
최첨단 솔루션 제공

서비스 신청 ›

라이프 서비스
디칼라

최상의 원료와 첨단기술이 접목되어 피부를
눈부시게 가꾸어주는 혁신적인 스킨케어

제품구매 ›

ACN 페스트 컨트롤 서비스
터미닉스

90여년간 전세계 해충방제 역사를 이끌어온
터미닉스의 첨단 해충방제 서비스를 경험해 보세요

서비스 신청 ›

ACN 머천트 서비스

단순한 소개만으로 시작되는
혁신적인 비즈니스! 국내 전문
VAN 서비스 제공사들과 함께하는
놀랍도록 심플한 B2B 기회

서비스 신청 ›

B2C & B2B 인터넷, 인터넷전화

누구나 사용하는 인터넷 그리고 IP-TV까지!
일상의 서비스를 국내 최고의 서비스와
합리적인 보상플랜으로 제공

가입신청 ›

사장님 플러스패키지

올인원 서비스(LG U+ 인터넷
& 인터넷 전화+보안+머천트)

서비스 신청 ›

ACN 플랫폼 비즈니스에 초대합니다

*이 책은 처음부터 끝까지 다 읽지 않아도 됩니다. 중간 소제목에
관심 가시면 거기부터 읽거나 그 부분만 따로 읽어도 됩니다.

ACN 플랫폼 비즈니스에 소중한 당신을 초대합니다.

책을 쓰기로 하고 얼마 지나지 않은 최근에 '고가의 검
증되지 않은 암치료 의료기기 불법 다단계'가 TV와 라디
오, 신문을 통해 세인들의 주목 받는 일이 생겼습니다. 불
법 다단계가 합법적인 네트워크 마케팅으로 포장된 대표
적인 사례입니다.

피해자들이 합법적 네트워크 마케팅에 대한 지극히 기
초적인 것들을 몰라 일어난 일입니다. 합법적인 네트워크
마케팅은 판매 수당으로 유혹하지 않고 고가 제품이 아니
며 검증된 필수품입니다. 또한 합법적 네트워크 마케팅은

물건을 파는 게 아니라 좋은 제품을 구전에 의해 홍보하는 것이 주목적인 비즈니스입니다. 이번에 피해 본 사람들은 등기부 등본조차 확인을 안 하고 집을 사는 사람처럼 참으로 안타깝습니다.

ACN 같은 합법적 회사는 시스템 자체가 이런 어처구니없는 피해를 원천적으로 차단되는 구조로 되어 있습니다. 이 책은 내가 ACN을 소개 받고 활동하면서 성공적으로 비즈니스를 하기 위해 공부한 내용을 기록한 독서노트입니다. 어느 분야나 그 분야에서 일가를 이루려면 최소한의 공부와 연구의 사전 준비 시간이 필요합니다.

이 책은 ACN에서 성공하기 위해 절대적으로 필요한 공부와 연구 시간을 대폭 단축시켜 줄 것입니다. 지난 1939년 미국의 뉴트리라이트가 처음 네트워크 마케팅 판매 방식을 채택한 이래 80년 동안 진화되면서 구미 각국에서 '새롭고 획기적인 유통 채널'로 정착된 합법적인 네트워크 마케팅은 기회의 사업입니다. 나는 내 명예를 걸고 ACN 플랫폼 비즈니스가 100세 시대의 유일한 대안이며 기회의 사업이라고 자신 있게 추천합니다.

제 4차 산업혁명 시대에는 '플랫폼'을 소유한 사람만이 상위 1%안의 상류층에 들어갈 수 있습니다. 또한 상위 1%

의 꿈을 이루는데 학력, 경력, 배경과 상관없이 ACN 플랫폼 비즈니스가 디딤돌이 된다는 사실 또한 자신 있게 말할 수 있습니다. IT기술의 눈부신 변화 속에서 합법적 네트워크 마케팅은 플랫폼을 기반으로 전 세계 유통시장의 강자로 떠오르고 있습니다.

하지만 우리는 네트워크 마케팅=플랫폼 비즈니스=합법적 다단계로 포장된 불법 다단계=불법 피라미드를 똑같이 생각하는 고정관념에서 벗어나지 못하고 있습니다. 이런 고정관념은 '경쟁력 있는 공인된 제품만 유통하는 합법적인 네트워크 마케팅에 대한 인식 부족에서 출발합니다.

네트워크 마케팅에서 한 차원 더 진화된 플랫폼 비즈니스(플랫폼이라는 일정한 틀, 온라인 점포 안에서 하는 사업)는 그동안 사회에 해악을 끼쳤던 불법 다단계나 피라미드와는 전혀 다른 것입니다.

이 책에 별도의 차례를 두어 불법 다단계와 플랫폼 비즈니스의 차이에 대해서 상술하겠습니다. 플랫폼 비즈니스는 기존의 유통 구조와 달리 소비자들의 현명한 소비를 이끌고 더불어 살아가는 삶의 방식을 추구하는 상생을 바탕으로 한 윈윈(Win Win) 사업입니다. 많은 자본을 들이

지 않고 100세 시대를 성공적으로 준비할 수 있는 유일한 대안인 플랫폼 비즈니스를 한 번 심도 있게 살펴보는데 이 책이 도움이 되기를 바랍니다.

질 좋은 제품이나 서비스의 유통 없이 큰 돈을 쉽게 벌 수 있다는 유혹에서 벗어나고 합법적인 네트워크 마케팅에서 소비자의 권리를 신장하고 더하여 지금 하는 일을 그대로 하면서 사이드 잡(Job)으로 추가 수입이 가능한 '소비하면서 돈을 버는' ACN 플랫폼 비즈니스에 여러분을 초대합니다.

2018년 연봉 100,000,000원의 주인공은 누구인가

— 네트워크 마케터 지급수당 총액 1조 7,817억 원

　2018년 우리나라 네트워크 마케팅 시장 규모는 총 5조 2,208억 원이고, 판매원(네트워크 마케터)에게 지급된 수당은 1조7,817억 원이다. 개인별로 보면 상위 판매원 9,726명은 3천만 원 이상 수당을 지급 받았고 이들 중 2,093명은 1억 원 이상을 받았다. 이는 2019년 7월 19일 국무총리 산하 중앙 행정기관인 공정거래위원회가 보도 자료에서 밝힌 내용이다.

　동 위원회는 매년 네트워크 마케팅 회사들을 다단계 사업자로 분류해 주요 정보를 공개해 왔다. 이 정보는 2019년 5월 30일 현재를 기준 국내에서 공제조합에 가입해 합법적으로 영업 활동 중인 130개 다단계 판매 회사(네트워

크 마케팅 회사)의 2018년 실적이다. 이번에 공개된 자료로 우리는 진화된 합법적 다단계인 네트워크 마케팅 사업은 피라미드나 불법 다단계가 아니라 매출규모도 어마어마하게 신장되었고 소개와 광고라는 합법적 활동으로 억대 이상의 연봉을 가져가는 사람도 2천 명이 넘는 것을 알게 되었다.

실제로 내가 ACN에서 활동하면서 나의 Up line이나 선배들이 사는 집을 가보고 타고 다니는 차를 승차해 보니 그들이 받는 연봉이 사실임이 실감되었다. 이제 네트워크 마케팅 산업은 더 이상 사막의 신기루가 아니고 사기도 아닌 것은 물론 극도로 분업화되어 계층 이동이 차단된 오늘의 현실에서 흙수저가 금수저가 되는 유일한 방법이며 수단이 되었다.

하지만 아직도 우리 국민들은 '네트워크 마케팅'이나 '다단계'라는 말만 꺼내도 알레르기 반응을 보이고 곧바로 사기로 연결해 이상한 눈으로 바라보는 사람들이 대부분이다. 이런 엄혹한 현실에서도 누군가는 네트워크 마케팅의 가치를 발견하고 억대의 연봉과 자산(인세) 수입을 쌓아가고 있다.

ACN Korea의 경우 8명의 SVP는 물론 상위 RVP의 경우

1억 원에서 2억 원 이상까지 판매 수당을 지급 받는 주인공이 다수 있다. 만약 당신이 결단하여 지극히 합법적인 단순 복제 사업인 ACN 플랫폼 비즈니스에 참여하면 1억 원 이상 판매수당을 가져갈 수 있는 주인공이 될 가능성이 있지만 계속 네트워크 마케팅을 백안시하거나 체면이나 거절의 두려움 때문에 망설이게 되면 총 1조7,817억 원의 수당 중 한 푼도 가져 갈 수 없다.

한 걸음 더 _ 정끝별

낙타를 무릎 꿇게 하는 마지막 한 짐
거목을 쓰러뜨리는 마지막 한 도끼

사랑을 식게 하는 마지막 한 눈빛
허구한 목숨을 거둬가는 마지막 한 숨

끝내 안 보일 때까지 본 일 또 보고
끝을 볼 때까지 한 일 또 하고

거기까지 한 걸음 더
몰리니까 한 걸음 더

댐을 무너뜨리는 마지막 한 줄의 금
장군! 을 부르는 마지막 한 수

시대를 마감하는 마지막 한 방울의 피
이야기를 끝내는 마지막 한 문장

알았다면 다시 할 수 없는 일
알았다 해도 다시 할 수밖에 없는 일

거기까지 한 걸음 더
모르니까 한 걸음 더

정끝별 시인의 시 〈한 걸음 더〉입니다. 물은 99도에 끓지 않고 1도를 더해 100도가 되어야 끓는다고 합니다. 중기기관차를 움직이는 엄청난 힘이 단 1도를 더해야 발생합니다. 시인은 마지막까지 포기하지 말라는 말을 하고 싶은 것일까요. 아니면 누구의 삶도 평범하다 못해 지루하지만 결국 무의식적으로 마지막 한 걸음을 향해 가고 있다는 말을 하시려는 것일까요.

걷다 보면 끝나는 날이 있으니 희망의 끈을 절대로 놓지 말라는 것으로 해석하면 많이 무리한 것일까요.

(출처 : 정끝별 다섯 번째 시집《은는이가》2014, 문학동네 간)

(독후감)

《나와 세계》

― (재레드 다이아몬드 저 / 강주헌 옮김 / 2016년, 김영사 간)

'인류의 내일에 관한 중대한 질문'이라는 부제를 가진 이 책은 나와 전혀 관계가 없을 것 같은 세계의 변화가 우리 개개인에게 지대한 영향을 미친다고 말한다.

저자는 '선택적 변화'로 인류의 위기를 극복해야 한다고 쓰고 있다

1988년 '총, 균, 쇠'로 논픽션 부문 퓰리처상을 수상한 77세의 이 노교수는 로마 루이스가 대학교에서 일곱 차례 한 강의를 토대로 이 책을 썼다.

세계가 직면한 중대한 문제인 동토 층이 녹는 기후 변화 ―부와 분배의 불평등으로 인한 테러, 폭동, 국지전쟁, 난민(boat people), 국가 부도와 벌목, 어류, 토양 오염 등 각종 자연 자원의 남용에 대한 해법을 제시한다,

'왜 어떤 국가는 부유하고 어떤 국가는 가난한가'를 심도 있게 비교 분석한 이 책은 '어느 개인은 부자이고 어느 개인은 가난한가'와도 연결된다.

환경문제와 인구문제, 부의 분배의 왜곡으로 급속한 경제성장에도 불구하고 심각한 고통을 겪고 있는 중국의 전반적인 것들에 대해 압축적으로 살펴보고, 일본, 영국, 독일과 칠레의 위기와 비교해 우리가 무엇을 그들로부터 타산지석으로 삼아야 할 것인가를 시사하고 있다.

석유, 황금 등 천연자원이 풍부한 나이지리아 같은 나라가 가난한 이유는 '천연자원의 저주'를 미리 대비하지 못했기 때문이며 한국은 다이아몬드 광산과 유전이 없어 복받은 나라라 할 수 있다. 유럽 제국주의 식민 정부는 지역민의 노동력과 재물 착취를 근거로 존재했기 때문에 근본

적으로 부패할 수밖에 없었다. 역설적으로 한국은 일제 청산을 제대로 하지 않은 상태에서 정부가 수립되고 존속되어 왔기 때문에 부패 구조가 계속되어 발전이 늦어진 것 또한 사실이다.

　개인이 자신들에게 다가오는 이런 위기 극복을 위한 단계적인 해법으로 그는 첫 단계−담 쌓기(내 문제는 이 담 안에 있지, 바깥쪽에 있는 것들은 전혀 문제가 안 된다)를 해야 한다고 말한다.
　저자는 한 개인의 위기 극복 여부를 가늠할 수 있는 예측인자로 p.112에서 다음과 같이 정의한다.
　1. 경직보다 유연한 성격
　2. 자신감과 관계있는 자아 강도
　3. 과거의 선택적 변화를 성공적으로 이끌었다는 경험에서 오는 자신감
　4. 돈이나 물리적 위험 등과 같은 실질적인 문제에 구속받지 않는 데서 비롯되는 선택의 자유
　5. 성장함에 따라 개인적인 문제를 자율적으로 선택하도록 허용 받는 자유로운 분위기
　6. 해결책을 찾으려는 첫 시도는 성공할 가능성이 크지

않기 때문에 모호함과 실패를 용납하는 여유로움

7. 문제를 해결할 방법을 배울 수 있는 본보기 친구

8. 감정적 위안과 물질적 지원을 해줄 만한 친구를 꼽고
   있다.

즉 개인이 위기 극복을 위해서는 유연한 성격, 선택의
자유, 자신감, 실패의 용납, 친구와의 우정이라고 설파한
다.

그는 테러리스트의 공격, 항공기 추락, 사자의 공격 같
은 위험보다 매일의 일상을 끝내고 샤워할 때, 자동차 운
전이나 사다리에 올라가는 것이 더 위험하다고 해 흥미롭
다.(p.131 참조)

책의 마지막에서 저자에게 '문명의 길'을 묻고 대답한
내용이 있는데 그 중 가장 인상적인 것으로 pp.214~215
에 있는 내용을 인용해 본다.

(질문): 미래 사회에는 로봇과 인공지능이 막대한 영향을
미칠 것이라는 전망이 많은데 인간의 삶은 얼마나
바뀌게 될까요?

(대답): 전화기, 자동차, 이메일 등이 인간의 삶을 바꿔놓

은 것처럼 로봇과 인공지능 역시 큰 변화를 불러 올 것입니다. 그러나 TV나 이메일이 있어도 인간 의 근본적인 걱정거리는 예나 지금이나 변하지 않 았습니다. 우리는 여전히 육아, 노인, 분쟁, 불평등 문제들과 건강, 갈등 예측, 가능하거나 불가능한 위험들에 대해 걱정 등은 변하지 않습니다. 인류 는 전화기 등이 없던 지난 수만 년 동안에도 같은 걱정을 했습니다. 로봇과 인공지능을 더 많이 갖 게 된 뒤에도 우리는 똑같은 걱정을 하며 살아갈 것입니다.

(질문): 인공지능의 발달로 인해 미래에는 돈이 '인간의 삶의 질'을 좌우하게 될 것이라는 예측이 많습니 다. 인류의 장밋빛 미래는 없는 것일까요?

(대답): 당연히 로봇과 바이오헬스의 발달로 돈은 미래에 도 인간의 삶에 영향을 미칠 것입니다. 3천 년 전 에 돈이 생겨난 이후로 줄곧 '인간의 삶의 질'에 영향을 준 것처럼 말입니다. 인류에게 장밋빛 미 래가 가능하냐고요. 가능합니다. 물론 우리가 지 금보다 '나은 선택'을 한다면 말입니다.

그는 결국 '선택'의 문제라고 했다. '해결하고야 말겠다는 선택'을 하면 부자로 살 수 있다고 말한다.

책을 덮으며 필자는 돈을 많이 번 사람은 향후 돈을 환경에 투자해야 개인은 물론 인류의 미래를 행복하게 할 것이라고 생각을 해 봤다.

ACN Korea는 어떤 회사인가

― ACN Korea는 ACN 아시아 총괄 본부이다

ACN은 1993년 미국에서 창업, 본사는 노스캐롤나이나에 있다. ACN은 26년의 역사를 가지고 있으며 유럽 등 전세계 26개국에 진출한 신용등급 A+인 회사다. 9년 전인 2010년 아시아 대륙에서는 맨 먼저 한국에 들어왔다.

따라서 한국이 아시아 총괄 본부이고 향후 아시아 전역에 ACN이 뻗어 나가는데 중심축이 된다. 아시아 총괄 본부 부사장을 맡고 있는 '대니 배'는 14세에 미국에 이민 가 그곳에서 ACN 영업을 하다 본사에 아시아 인구가 세계 인구의 70%인 점을 개진, 2010년 한국에 ACN Korea를 설립, 본사의 인준을 받았다. 그는 2016년 일본에 ACN Japan을 설립, 정착케 한 장본인이다.

세계적으로 에너지 사업이 민영화되는 추세에 따라 일

꿈을 연주하는 여든의 노래

본은 에너지 사업이 민영화 되었다. ACN Japan은 에너지 사업에 발 빠르게 진입해 전기, 가스를 ACN Japan 공급 상품 아이템에 추가시켜 현재 엄청난 매출을 올리고 있다. 구미에서 네트워크 마케팅 천국으로 알려진 일본이 아시아에서 두 번째 진입국이 된 것은 ACN이 유일하다.

여타 네트워크 마케팅은 일본을 거쳐 한국에 들어왔다. 그런데도 ACN Japan은 이미 터를 잡고 영업 중인 여타의 일본 네트워크 마케팅 회사들보다 빠르게 성장, 번창하고 있다. 이는 ACN Japan의 무의식 소비 상품 아이템이 동종의 일본회사 상품 아이템보다 경쟁력이 월등하기 때문이다.

만약 ACN이 부실한 회사라면 아시아에서 네트워크 마케팅 선진국인 일본에 상륙될 리 없으며 그렇게 빨리 일본 국민들에게 사랑 받고 정착될 수 없었을 것이다.

지난 9년 동안 ACN Korea는 우리나라 언론 매체에 한 번도 부정적으로 보도된 일이 없다. ACN Korea의 공급 상품이나 보상 체계는 불법 다단계 회사들이 고가 상품이나 판매 강요 등 같은 위법 부당이 원천적으로 차단되어 있는 시스템을 가지고 있기 때문이다.

ACN Korea는 아무런 문제도 일으키지 않는 공신력도 갖춘 회사다. ACN이 취급하는 상품은 모든 사람이 원하든 원하지 않든 죽기 직전까지 꼭 써야 하는 필수품으로 매순간마다 무의식적으로 소비해야 하는 상품으로 구성되어 있다.

한국에 진출한 여타 네트워크 마케팅 회사보다 경쟁력에서 우위를 점하고 있는 ACN Korea 상품들은 생필품과 필수 서비스인 휴대폰과 인터넷 TV, 카드단말기, 보안 서비스와 렌탈 상품인 정수기, 공기청정기 등이며 건강식품 등도 갖추고 있다. 또한 공개적이고 공평한 보상 시스템도 완비되어 있는 게 강점이다.

이런 상품 경쟁력과 합리적인 보상 시스템은 유럽 등 이미 정착되어 활발히 움직이고 있는 국가들에서 검증되었다. 그리고 그 노하우와 축적된 자료들은 후발 참여 국가에 원활하게 공급되어 있다. 전 세계 26개국이 같은 시간에 동일한 교육과 훈련 세미나를 동일한 내용으로 실시한다.

합법 네트워크 마케팅을 담보하는 공정거래위원회 발표

− 국가 공인 네트워크 마케팅 시장 지속적 성장

2019년 7월 19일 국무총리 산하 중앙 행정기관인 공정 거래위원회는 공제조합에 가입해 합법적으로 영업 활동을 하고 있는 130개 국내 네트워크 마케팅 회사의 2018년 주요 정보를 공개했다.

이 자료는 2019년 5월 31일 현재를 기준으로 이들 회사의 2018년 총매출액은 5조 2,208억 원으로 2017년 5조 330억 원보다 3.7% 상승했음을 나타내고 있으며, 판매원(네트워크 마케터)에게 지급된 수당도 1조 7,817억 원으로 2017년 1조 6,817억 원보다 6% 상승했음을 보여준다. 또한 2018년도에 수당을 지급 받은 마케터 중 상위 9,726명은 3천만 원 이상이고 그중 1억 원 이상의 수당을 지급 받은 사람도 2,093명이나 된다고 한다.

수당이 상위 판매원(네트워크 마케터)에게 집중되는 이유는 판매원에게 지급되는 수당 지급 구조가, a. 판매원 개인 실적, b. 팀원의 거래 실적, c. 조직 관리 및 훈련 실적, d. 판매 활동 장려 및 보상으로 구성되어 있기 때문이다. 그래서 이제 막 회원에 가입해 대리점을 오픈한 사람은 아직 네트워크가 촘촘히 짜여지지 않아 수당이 적을 수밖에 없다.

한편 공정거래위원회는 매년 네트워크 마케팅 회사를 다단계 사업자로 분류하여 누구나 열람할 수 있도록 정보 공개를 하는 이유에 대해 국민들의 불법 다단계 피해를 막기 위함이며, 다단계 판매의 건전한 발전을 도모하기 위함이라고 밝혔다. 이런 발표에도 불구하고 일반 국민들의 불법 다단계에 대한 선입견 때문에 대화 자체가 중단되며 '다단계' 운운 하는 말을 상스러운 것이라고 생각한다.

역설적이지만 이런 부정적인 시각 때문에 네트워크 마케팅이 아직 우리에게 가능성 있는 블루오션으로 남아 있다. 노래방이 잘 되던 시절에 한집 건너 노래방이 개업되었던 우리나라 정서를 감안한다면 네트워크 마케팅에 이런 부정적 시각이 작용하지 않았다면 이 사업에 너도 나도 참여하여 더 이상 기회의 사업으로 남아 있지 않았을 것이다.

네트워크 마케팅(다단계) 산업은 대한민국에서 지금의 현대화된 플랫폼이란 인터넷 공간을 기반으로 비즈니스를 하기 훨씬 이전인 1939년에 미국에서 태동하여, 지난 80년 동안 미국과 유럽에서 가장 합법적이고 효율적인 판매 채널로 성장해 왔다. 네트워크 마케팅 판매 품목도 진화를 거듭해서 1940대 초창기에 공산품을 중심으로 개인용품, 가정용품이 주종을 이루었다가 비타민 등 영양 보조제로 시작해 레저와 건강, 교육용품 등으로 확장되었고, 급기야 이런 전통적 품목에 대한 판매 경쟁이 심해지자 1990년대부터는 통신과 신용카드, 보안 등의 서비스를 아이템으로 갖춘 경쟁력 높은 회사들이 출현했다.

1990년대 후반부터는 세계 각국의 공익 독점 규제가 풀리는 추세에 따라 전기, 가스 등 에너지 시장에까지 진출하고 있다. 실제로 동양권에서도 일본의 경우 에너지 시장의 규제가 풀렸다. ACN Japan은 일본 에너지 시장에 발빠르게 진입해 어마어마한 매출을 올리고 있다.

ACN 미국 본사는 9년 전에 아시아에서 처음으로 한국에 진입해 한국을 아시아 지역 본부로 승인했다. 아시아 본부인 한국은 3년 전 일본에 진출해 ACN Japan을 설립하여 활동하게 했다. 그래서 한국의 SVP 마케터는 ACN Japan의 총 매출액의 1%를 마케터 지급 수당 항목인 c와 d를 받고 있다. 지금 우리나라 SVP는 SVP가 한 명도 없는 일본 시장 전체의 리더 역할을 하고 있다.

앞으로 중국, 인도 등 다른 아시아 나라에 ACN이 진출할 경우도 우리는 그 나라의 시장 마케터 교육과 관리를 하게 되고 훈련과 지도 등을 맡는 국가로서 역할을 해야 한다. 그리고 그 보상으로 전체 아시아 시장 매출의 1%를 우리나라 SVP가 돌려받게 되어 있다. 이는 먼저 사업을 시작한 사람만 유리하게 하는 피라미드 시스템이라서가 아니고 관리하고 지도하는 직급의 사람들에게 주는 c항과 d항 수당체제의 프로그램 때문이다. 인도 등 앞으로 아시아의 다른 나라에 ACN이 진입될 경우 그 나라의 영업지도 등을 우리나라에서 맡아야 한다는 말이다.

ACN Korea는 우리나라의 에너지 산업의 규제가 풀리면 곧바로 전기와 가스를 영업 품목으로 추가해 아시아 종주국이며 선발 주자로 나서 국내는 물론 세계적으로 1등 회사가 될 것이다. 나의 주위 사람들 중에는 우리나라에 에너지 시장이 민영화 되면 그 때 가서 ACN에 참여할 것이라고 말하는 사람이 있다. 하지만 그때는 이미 늦는다. 휴대폰 등으로 이미 영업 기반을 다진 사람만이 민영화된 에너지 시장에서 주도권을 가지고 영업을 할 수 있기 때문이다.

또한 휴대폰 네트워크 시장이 KT, LG, SK 등 메이저 통신 3사의 요금 내리기와 시장 지키기에 영향을 받아 위축될 것이라고 생각하는 사람이 많다. 하지만 이들 통신 3사가 세계적인 추세인 저가 요금제의 알뜰폰 시장의 벽을 넘지 못할 것이다. 아시아 본부인 ACN Korea는 아시아에 진출국이 많아질수록 경쟁력이 높아질 것이며, ACN Japan처럼 에너지 사업이 민영화 되면 일본처럼 국내 여타 합법적 다단계 회사의 매출 순위를 추월할 것이다.

이번 중앙 행정기관인 공정거래위원회의 정보 공개로 1억 원 이상 수당을 지급 받는 사람들이 2천 명을 넘는다는 것이 공식적으로 증명되었다. 상위 마케터가 되기 위해서 유명 대학 졸업이나 기업체를 경영한 이력, 대기업이나 공공기관에 근무했어야 하는 경력이 전제조건이 되지 않으며 나이도 걸림돌이 되지 않는다. 소위 일반 사회적 기준에서 상류사회에 속해 있지 않았던 사람도 억대 연봉자가 될 수 있는 것이다.

 이제 더 이상 진화된 합법적 다단계인 네트워크 마케팅 사업은 불법 피라미드나 다단계가 아니다. 공정거래위원회 발표로 ACN Korea가 믿을만한 회사이며 성장 가능성이 높은 회사라는 확신을 한 번 더 다지는 계기가 되었다.

만남
− 감사가 넘치는 만남, 그리고 향기로운 삶

　오늘 새벽 산책길에서 어제 밤에 읽은 아동문학가 정채봉 님의 《멀리 가는 향기》라는 작품집에 수록된 '만남'이란 작품의 울림이 새롭다.
　매일의 새로운 만남을 감사하며 하루하루를 보내려 한다.

　지리산 높은 골에 칡이 태어났다. 칡이 눈을 떠 보니 하늘을 향해 죽죽 자라고 있는 나무들 세상이었다. 칡은 저도 하늘 쪽으로 머리를 두고 커보리라 마음먹었다.
　다음해 봄이 되어서야 칡은 자신이 넝쿨성임을 알고 산신령님에게 부탁드렸다.
　"저도 하늘을 향해 자라서 후일 이 세상에 남는 무엇이 되고 싶습니다."

산신령님은 고개를 저었다.

"태어나기 전은 모르겠으나 한 번 몸을 받은 이상 천성
은 바꿀 수 없는 것이다. 정히 원한다면 네 노력으로 밖에
할 수 없다."

"노력도 길을 알아야 하지 않겠습니까. 불쌍한 저한테
길을 알려 주십시오."

"변화는 만남으로서만이 가능하다. 진정 좋은 만남을 가
져 보려무나."

그날 이후 칡은 만남에 대해 생각하고 또 생각했다.

그리하여 어느 날 새벽, 잣나무 위에서 반짝이는 샛별을
보고 마음을 정했다

곧고 크게 자라는 저 잣나무와 벗하기로.

칡은 껍질이 벗겨지는 아픔을 참고 바위 위로 기어가 마
침내 가장 높은 데 있는 잣나무 가지를 붙들어 잡았다.

칡은 잣나무와 함께 세한을 나고 또 세한을 났다. 세세
연년이 흘렀다.

새 세기가 되었다. 산을 찾아온 사람들은 몇 사람이 안
아야 할 잣나무를 보았다. 칡나무를 보았다. 두 나무는 함
께 베였다. 그리하여 잣나무는 섬진강 배가 되고 칡나무는

지리산 화엄사의 대웅전 기둥이 되었다.

나도 칡넝쿨이 큰 재목이 된 것처럼 ACN에서 나의 업라인이며 영원한 멘토인 최지나, 배용진 사장을 디딤돌로 권순규, 우원균 사장을 벗하기로 마음을 정했다. 이제 남은 것은 껍질이 벗겨지는 아픔을 참고 바위 위로 기어가 마침내 이들 SVP라는 가장 높은 잣나무 가지를 붙들어 잡는 일이다.

아시아의 최고 부자 이가성 회장은 홍콩에서 1달러를 쓰면 5센트는 그 사람에게 돌아간다는 말을 들을 정도로 홍콩과 중화권 경제에 큰 영향을 미치는 사람이다. 이런 이 회장과 그의 차를 30년 동안 운전한 운전기사에 관한 일화이다.

오랜 동안 자신을 위해 일하다 은퇴하는 운전기사에게 이 회장은 그가 노후를 편안히 보내기를 바라며 200만 위안(한화 3억6천만 원)의 수표를 건넸다.

그랬더니 운전기사는 그 돈이 필요 없다고 사양하며, "저도 2,000만 위안(한화 36억 원) 정도 재산을 모아놓습니다"라고 대답했다.

이에 이 회장이 "자네 월급이 5천-6천 위안(한화 100만 원) 밖에 안 되는데 어떻게 그런 큰돈을 저축했느냐"고 묻자 운전기사는 "제가 운전하는 동안 회장님이 뒷자리에서 전화하시는 것을 듣고 회장님께서 땅을 사실 때마다 저도 그 옆 땅을 조금씩 사놓았고 주식을 사실 때마다 저도 따라서 약간씩 구입해 놓아 지금은 2,000만 위안 이상에 이르고 있습니다"라고 말했다.

그 운전기사는 30년 동안 이가성 회장을 모시면서 숱한 어려움이 있었을 것이다. 이를 극복하고 이 회장을 친구로 하는 목표를 세우고 부단히 애써 이 회장만큼은 아니지만 큰 부를 이루었고 큰 그릇인 이 회장을 멘토로 그의 마음 씀씀이를 닮고 배워 이 회장의 위로금을 사양한 것이다.

우리나라 플랫폼 비즈니스는 '카카오 택시' '배달의 민족' 이다

'카카오 택시'가 나오기 전 우리는 급하게 택시를 타야 할 경우 택시회사 콜센터에 전화해 택시를 부르고 1,000원씩 콜비를 내야 했다. 문제는 전화를 해도 '차가 없다'는 안내양의 말에 망연자실하는 경우가 허다한 것이었다. 그런데 지금은 어떤가. 카카오를 호출하면 즉각 차가 수배되어 어디쯤 오는지도 알 수 있고 타고나면 안심 문자까지 발송할 수 있으며 콜비도 없다.

그럼 카카오라는 회사는 택시를 보유하고 있는가. 아니다. 카카오에는 택시가 한 대도 없다. 그저 택시 타고 싶은 사람과 택시를 운전하고 있는 사람을 연결만 해 주고 수수료를 받는다. 인터넷 망과 디지털의 눈부신 발전이 과거보다 더욱 신속하고 정확하게 서비스 공급자와 수요자

를 연결하고 생산자와 소비자를 연결해 주는 것으로 수익
을 창출한다.

'요기요'로 시작된 '배달 웹' 또한 같다. 최근 매매된
'배달의 민족'은 600억 원에 거래가 성사되었다고 알려져
있는데 현재 평가는 수조 원대가 넘는데 너무 싸게 팔렸
다는 풍문이 있다. '배달의 민족'은 음식점을 한 곳도 소
유하지 않았는데 어떻게 이런 평가 금액이 나오고 시장에
서 거래되는가. 답은 플랫폼 비즈니스를 하는 곳이기 때
문이다.

호텔 방 하나 소유하지 않은 에어비앤비의 기업 가치가
10조 원이고, 알리바바는 단 한 개의 소매점도 없으며 재
고가 전혀 없는데도 중국을 넘어 세계의 기업이 되었다.
페이스북 또한 직접 창작한 콘텐츠 하나도 없고, 아마존
도 같다. 하지만 이들은 플랫폼을 가지고 있다. 생산자와
소비자 또는 서비스 공급자와 그 수요자는 각자의 필요에
따라 해당 플랫폼을 이용한다.

플랫폼 비즈니스는 필요로 하는 누군가가 서로의 필요
를 충족하게 하고 서로 상대의 가치를 활용할 수 있게 만
들어주는 데 그 기반을 둔다. 지금까지 우리 주변의 전통

꿈을 연주하는 어든의 노래

산업들은 생산자들이 소비자가 필요로 할 것 같은 물건을 대량 생산하여 광고 등에 의존해 소비자를 세뇌시켜 물건을 팔았다. 소비자들은 제품이나 서비스에 대한 정보 부족과 각종 규제로 생산자가 '그럴법한' 물건을 생산하면 그걸 그냥 썼다.

그러나 인터넷 세상이 되자 제품에 대한 정보 공개와 함께 소비자 권리 신장과 소비자 욕구의 다양화 등으로 기존 전통 산업이 해 왔던 소품종 대량생산 체제는 소비자의 개성 중시 소비풍조 확산에 부응하기 위해 다품종 소량생산 체제로 바뀌게 되었다

또한 5일장같이 기존의 시장은 소비자들이 모이는 곳이면 어디든 자연스럽게 시장이 생겼으나 이제는 플랫폼이 있는 곳에 시장이 생긴다.

소비자 누구나 자신의 의견이나 욕구를 개진할 수 있고 생산에 참여할 수 있게 되는 시스템으로 발전되어 가상공간에도 시장이 형성된다.

소비자들은 더 많은 정보를 접하고 자신들의 필요에 적합한 제품을 고를 수 있게 되었다. 소비자뿐만 아니라 생산자 쪽도 고위험의 생산 없이 이미 구축된 시스템에 산재된 기존의 물품이나 재고를 효율적으로 활용하거나 제

공하는 방향으로 바뀌게 되었다.

커뮤니티(시장)를 구축하고 소비자와 생산자의 필요에 부응하고 그들의 반응을 수집하면서 그에 부응해 성공적인 비즈니스를 하고 있는 게 플랫폼 비즈니스의 특성이다. 우리나라의 'ACN' 과 '카카오 택시' 나 '배달의 민족'들이 하고 있는 플랫폼 비즈니스는 4차 산업혁명 시대의 흐름에 맞는 새로운 비즈니스 모델이다.

ACN 플랫폼 비즈니스
'나' 도 도전해 볼 만한 사업인가?

- 참 쉽죠 잉. 무조건 따라 하기만 하면 되고,
  따라 하게만 하면 되는 사업

성별은 물론 나이, 학력, 경력이 많든 적든 누구든지 할 수 있는 사업이 ACN 플랫폼 비즈니스다. 특히 취직 시험 공부를 하는 젊은이나 부동산 중개업 등 자영업을 준비하 거나 현재 영업 중인 사람들 60세가 넘은 실버세대에게 자신 있게 적극 권장한다. '나' 가 지금 어느 위치, 어디에 있든 정신적, 물질적으로 더 나은 삶을 꾸리려 하는 사람 은 누구라도 이 사업을 할 수 있다.

ACN 플랫폼 비즈니스는 발상의 전환만으로도 각자가 자신이 가진 현재의 처지를 최대한 활용하면 누구보다 더 쉽고 재미있게 사업을 할 수 있는 장점을 가지고 있다.

예로써 사업이 망해 컨테이너 하우스에서 살면서 여름

에는 숨 막히는 더위와 싸우고 겨울에는 혹독한 추위에
떨던 주부가 현재 RVP가 되어 더위와 추위의 걱정을 털어
내고 윤택한 삶을 꾸리고 있고, 또 대학 졸업 후 10년 이상
할 수 있는 직업을 찾아 방황하던 포항의 21세 청년이 2년
만에 RVP가 되었다.

전남 순천에는 74세의 노익장이 RVP가 되어 활발히 활
동하고 있다. 나의 라인에도 은행 지점장 출신으로서 이
사업을 성공적으로 하는 사람이 있다. 또한 국내외 대기
업 근무 경력자, 군인, 대학교수, 목회자는 물론 다년간 기
업을 유지하고 또 번창시키려고 회계, 인사, 사후 관리 등
에서 막심한 고생을 했던 기업인 등, 다양한 경력을 가진
사람들이 ACN에서 동료나 파트너로 아름다운 동행을 하
고 있다.

대학 졸업 후 대기업 취직시험이나 공무원 시험 합격을
위해 부모의 후원으로 몇 년씩 공부하는 사람들이 있다.
또한 대학 졸업 후 그렇게 어렵게 회사에 취직하여 사원
에서 주임, 대리를 거쳐 과장에 이르기까지 수년씩 꿈을
향해 열정적으로 노력하는 아름다운 청춘들이 있다.

이들과 똑같이 21세의 청년 마케터(네트워크 마케팅 사
업자)도 큰 부자가 되어 장학이나 구호 사업 등 보람된 일

을 꿈꾸는 아름다운 청춘도 있다. 어느 누구도 이들 청춘들을 단순 비교해 누가 더 행복하고 보람찬 삶을 사는지 섣부르게 평가하지 못할 것이댰.

60세가 넘은 사람 중 경제적으로 안정되지 않아 뭔가 수입을 올리기 위해 일을 찾아야 하는 사람은 물론 이미 경제적으로 안정된 생활을 하고 있는 사람도 이 사업을 하면 좋다. 안정적인 사람도 매일 몸을 움직이고 누군가와 대화를 하고 교류해야 더 건강하고 정신적으로나 물질적으로 더 자유롭고 풍족한 삶을 꾸릴 수 있기 때문이다.

나는 실버세대의 윤택한 삶을 위한 대안으로 ACN 플랫폼 비즈니스를 자신 있게 추천한다. 실버세대가 시대의 흐름에 동참하고 젊은이들은 물론 다양한 인생 역정을 겪은 사람들과 정기적으로 만나 교육이나 세미나에 참여하고 상생하는 프로그램을 같이 하다 보면 건강은 덤으로 확보되는 것을 느끼기 때문이다.

실제로 나의 라인의 정경수 교수는 갑상선암을 치유하는 데 이 사업에서 나오는 긍정적 에너지가 큰 도움이 되고 있다는 주치의의 말을 듣고 더욱 열정적으로 이 일을 하고 있다. 나의 동행중에는 다양한 경력의 사람들이 있다. 전업으로 하는 사람도 있지만 자투리 시간을 내 사이드 잡이나 투 잡으로 하는 사람도 있다. 그중에는 부부 마케터도 있고 그들의 자녀까지 비즈니스 교육에 같이 참여하는 사람도 있다. 심지어 손자까지 3대가 같은 비즈니스를 하는 집안도 있다.

인프라가 구축되어 레버리지 효과에 의해 인세 수입이 누적적으로 쌓이고 기하급수적으로 늘어나는 소득 구조를 3대가 공유하는 것이다. 이들은 ACN 플랫폼 비즈니스에 대해 확고한 신념과 비전을 가지고 있으며 ACN 플랫폼의 무한한 가능성을 이미 간파한 사람들이다. 이들 3대가 강조하는 ACN 플랫폼 비즈니스의 성공 요건은 비교적 심플하다. ACN 플랫폼 비즈니스는 무조건 따라 하기만 하면 되고, 따라 하게만 하면 되는 사업이라는 것이다. 그래도 사업은 사업인 만큼 성공하기 위해서는 몇 가지 조건이 있다.

1. 네트워크 마케팅에 대해 100시간 정도 공부하고 100시간 정도 연구한다.
   (이 책이 그 시간을 대폭 단축시켜 준다.)
2. 공부와 연구를 기반으로 확고한 결단을 내리고 SVP라는 목표(꿈)를 설정한다.

꿈을 연주하는 여든의 노래

3. 그 결단을 기반으로 ACN시스템에 자기 자신을 온전히
   맡기고 1년만 열정을 쏟으면 누구나 꿈을 이룬다.

   평생 일할 수 있는 합법적인 비즈니스에 1년만 따라하
면 충분히 성공할 수 있다니 '나'도 ACN 플랫폼 비즈니
스에 한 번 도전해 볼 수 있지 않을까.

거절을 즐기고
'일 년만' 버티면 성공한다

우리는 어느 식당에서 모처럼 맛있는 음식을 먹거나 좋은 곳을 여행하고 나면 가족이나 가까운 친구에게 자랑 겸 신나게 그곳을 소개한다. 네트워크 마케팅 비즈니스를 소개하는 데도 이렇게 신나게 할 수 없을까. 분명 부자가 될 수 있고 내가 내 맘대로 내 시간을 선택해 쓸 수 있는 유일한 사업을 설명하는데 주저하고 망설이는 이유는 무엇인가.

그것은 내가 무언가 떳떳치 못한 일을 하고 있다는 잠재의식 때문일 것이다. 이는 자기 자신이 이 비즈니스에 대해 참된 가치를 발견하지 못하고 스스로 확신을 가지지 못했기 때문이다. 네트워크 마케팅 비즈니스는 상류사회 1%에 들어갈 수 있는 시대흐름에 맞는 사업이며 상생하는 사업이고 인세 수입이 누적돼 상속이 되는 사업이다. 절대로 상대에게 금전적은 물론 인격적 정신적 피해를 주지 않는 사업이다.

그럼에도 불구하고 어떤 의도를 가지고 누군가를 찾아가 만나는 일은 쉽지 않다. 하지만 비즈니스는 어떤 사업을 막론하고 만나서 설명하고 상대의 이해를 구해야 하는 것이 필수적이다. 상대가 내 삶의 궤적을 잘 알아 내가 사기꾼이 아니고 매사에 신중한 사람임을 분명히 잘 알고 있는 소위 연고 시장의 경우 상대의 거절을 '상생'으로 바꾸게 하는 데는 진정한 용기가 필요하다.

한껏 용기를 내서 말한 제안에 상대가 "네가 뭐가 아쉬워서 그 일을 하느냐"는 등 시답잖은 반응이 나올 수 있다. 하지만 그 일이 목하 4차 산업혁명 시대에 사회, 경제 전반의 흐름에 맞는 사업이며, "좋은 것을 친지와 함께 나누고, 상대에게 확실히 이익이 되는 일이며, 아울러 시한도 정해져 시스템 안에만 들어가 1년만 버티면 성공이 보장되는 사업"이라는 확신만 확고하게 가진다면 우리는 대를 위해 소를 희생시킬 수 있다. 서로를 위한 성공과 자유획득이라는 큰 것을 위해 체면이라는 작은 것을 버릴 수 있다는 말이다.

나도 살고 상대도 사는 일인 네트워크 마케팅 사업에 꼭 나서야 한다는 발상의 전환에 대한 단초는 어디서 발견할 수 있을까. 자기 확신이다. 확고한 신념은 거절로부터 자유로워질 수 있는 지름길이다.

여러분은 꿈을 이루기 위해 거절을 일상의 일로 수용하고 그를 넘어 성공의 징검다리로 활용하고 거절을 즐겨야 한다. 우리가 거절을 당하면 어떻게 해야 할까. 답은 간단하다. 그냥 패스하면 된다. 기다리던 버스에 타지 못했으면 다음 버스를 타면 된다. 이미 간 버스에는 더 미련을 갖지 말고 다음으로 넘어가면 된다.

거절은 고통스러운 일이 아니라 사업 과정에서 자연스럽게 흔히 겪는 일로 꼭 거쳐 가는 과정에 불과하다. 우리는 거절이 두려워서 네트워크 마케팅 사업을 꺼리거나 포기하려고 한다. 그리고 나름 그 이유를 찾으려고 애쓴다. '내 적성에 맞는 일이 아니라'거나 '아예 시작하지 않는 게 좋다'는 등. 하지만 거절이 두려워 도전하지 않으면 성공 확률은 제로이다. 사람을 만나 네트워크를 구축하는 과정에서 어떻게 거절이 없겠는가.

음식점을 개업해 소비자가 찾아오는 비즈니스를 하게 되어도 자신의 음식점을 그냥 지나치는 사람도 있고, 점포에 들어 왔다가도 그냥 되돌아 나가거나 심지어는 음식을 주문하고도 나가는 사람, 급기야는 주문 음식을 먹다가도 시비를 걸어 환불해 가는 사람도 있다.

모든 사업 과정에서 '거절'은 있다. 그걸 당연한 것으로 받아들이고 즐길 줄 알아야 성공한다. 상대는 손님이고 내게 꼭 필요한 사람이다. 시비하는 손님에게 더 잘해 주어야 하듯 '거절'해도 그 사람 입장에서 그 사람을 더욱 배려해 주어야 한다.

꼭 결혼하고 싶은 처녀가 거절한다(튕긴다)고 그냥 포기하면 미인을 얻을 수 없다. 상대가 당신이 원하는 것을 갖고 있다면 우선 만나야 한다. 그를 만나서 이야기하지 않으면 그 사람이 가진 것을 얻을 확률은 0%이다. 하지만 가서 만나면 확률은 50%가 된다. Yes 아니면 No이니까 확률은 반반이다.

계속 만나라. 일주일에 3명을 만나 3명 모두에게서 거절을 당하면 100%의 거절로 실적은 0%이다. 하지만 20명을 만나서 3명에게서 Yes를 받으면 실적은 15%이지만 일주일에 3명이 목표라면 실적은 100%이다. 될수록 많이 만나고 계속 만나라. 상대에게 '맛있는 음식점이나 재미있는 영화를 소개' 하듯 상대에게 절대로 사기 치거나 곤욕스럽게 하지 않는 '이익이 되는 좋은 일을 소개' 하는 일이다.

나의 UP LINE 최지나 사장은 상대에게 이익을 주는 일이니 '선의의 갑질' 이 필요하다고 한다. 이 일은 시간이 흐른 후 "그 때 강권해 참여하게 해 주어 참으로 고마웠다"는 말을 분명 들을 수 있는 일이라는 것이다. 내가 이 일에 확신을 가져야 한다는 말이다. 자부심을 가지고 당당히 찾아가 만나라.

또한 상대가 거절할 경우 "내가 뭔가 설명을 잘못 했거나 상대가 뭘 모르고(비전을 깨닫지 못해) 한 거절"이니 그냥 가볍게 지나쳐 버려라. 그런 사람은 그냥 패스하고 다른 사람을 만나면 된다. 그 거절을 꼭 자존심으로 연결시키지 말라. 역지사지가 중요하다. 6개월 정도 시차를 두고 더 연구하고 공부하여 다시 만나 제대로 전달하면 거절이 승낙으로 변할 수 있다.

꿈을 향해 달리는 사람은 그 분야의 프로가 되어야 한다. 메이저 리그의 전설적인 홈런 타자 베이비 루스는 714개의 홈런 기록이 있는데 1,300번 이상 삼진 아웃 경력도 있다. 그는 삼진 아웃 당하면 그냥 씩 웃고 돌아섰다고 한다. 언제고 홈런을 칠 수 있으니까. 그에게 삼진 아웃은 홈런을 치는 하나의 과정이듯 'No' 는 'Yes' 의 과정일 뿐이다.

어느 직업에서나 이 같은 프로 정신만 있으면 성공한다. 당신이 거절로부터 사업을 시작할 수 있다. 아니 거절로 사업을 시작한다. 하지만 확신과 열정만 있으면 성공한 다. 더구나 ACN같이 이미 시스템이 완비된 곳에서는 시 스템이 하라는 대로 하기만 하면 거절은 성공으로 가는 길에 발에 잠시 거치적거리는 돌부리에 불과하다.

버팀목에 대하여 _ 복효근

태풍으로 쓰러진 나무를 고쳐 심고
각목으로 버팀목을 세웠습니다.
산 나무가 죽은 나무에 기대어 섰습니다.

그렇듯 얼마간 죽음에 빚진 채 삶은
싹이 트고 다시
잔뿌리를 내립니다.

꽃을 피우고 꽃잎 몇 개
뿌려주기도 하지만
버팀목은 이윽고 삭아 없어지고

큰 바람이 불어와도 나무는 눕지 않습니다.
이제는
사라진 것이 나무를 버티고 있기 때문입니다.

내가 허위허위 길 가다가
만져보면 죽은 아버지가 버팀목으로 만져지고
사라진 이웃들도 만져집니다.

언젠가 누군가의 버팀목이 되기 위하여
나는 싹을 틔우고 꽃 피우며
살아가는지도 모릅니다.

　　　　복효근 시인의 시 〈버팀목에 대하여〉입니다. 나 또한 누군
가의 버팀목이 되고 싶다, 삭아 없어지기 전에…. 네트워크
마케팅을 하는 사람, 즉 '네트워커'의 입장에서 시인의 뜻과
다르게 나름대로 이 시를 끌어다 붙여 봅니다. '거절(NO)에
대하여' "산 나무(승낙-YES)가 죽은 나무(거절-NO)에 기대
어 섭니다. 그렇듯 얼마간 거절(NO)에 빚진 채 사업은 싹이
트고 잔뿌리를 내립니다." 바로 죽은 것들, 의미 없는 것들
속에서 삶과 보람이 함께 합니다. 공익에 해(害)가 되는 일이
아니라면 독자가 노래를 개사하고 제멋대로 해석(解釋)했다
해도 크게 잘못 된 것이 아니라는 억지를 부려 봅니다.

　　(출처 : 복효근 시집《새에 대한 반성문》2010. 시와시학사 간)

꿈에 도전하는 23세 청년

2019. 5. 5. 화성시 라비돌 리조트에 마련된 ACN 연수장에는 전국에서 모인 천여 명의 ACN 사장들이 자못 후끈후끈한 열기를 내뿜었다. 이날 여러 명의 강사가 연단에 나와 자신의 지금이 있기까지의 주옥같은 경험을 말씀하였다. 강사 분들 모두 훌륭한 강의를 해 많은 박수를 받았다.

그 중에서도 21살에 ACN에 입문해 2년 만에 ACN에서 최고 직급인 SVP 바로 아래 단계인 RVP에 오른 약관(弱冠) 23세의 이정재 사장(이하 강사)이 유독 눈길을 끌었다.

이정재 강사는 어린 나이에 그렇게도 자신이 원하던 '10년 이상 할 수 있는 일'을 찾았고 '평생직장'을 찾았다고 겸손해 하지만 당당하고 자랑스럽게 말했다.

이 강사는 ACN에 입문해 나이와 배경이 갖는 선입견의 벽을 넘어 경제적으로 자유롭고 싶다는 열정 하나로 목표를 향해 달려 왔다고 자신의 지난날을 단순하면서도 솔직 담백하게 말했다.

특히 자신이 RVP까지 오른 비결에 대해서 '무조건 ACN에서 하라는 대로만 했기 때문'이라고 말해 여러 사람들에게 신선한 충격을 주었다. 역시 진리는 가까운 데 있고 모든 원칙은 가장 쉬운 곳에 있었다. 그는 "ACN은 시스템이 잘 되어 있기 때문에 아래 3가지만 잘 하면 성공한다"고 간단명료하게 결론지어 말했다.

1) Meeting에 100% 빠지지 않고 참여해 끊임없이 배우고,

2) 집중(集中)과 목표 설정을 위해 매일 아침 결단하고 매일 저녁 Business Counting(일기쓰기)을 한다. 그래야 목표를 세우고 그를 피드백을 하고 다음 목표를 위해 나갈 수 있다.

3) 스폰서 사장님과 사업을 잘 하는 분에게 껌딱지처럼 들러붙어서 계속 묻고 상담을 해야 한다.

이와 함께 이정재 강사는 자신의 스폰서와 선배 사장님

들은 자신의 부모님만큼 그가 잘 되기를 바라는 사람들이라고 환기시키며, 상담 거절에 대해서도 나름대로의 비결을 밝혔는데 '거절을 절대 두려워하지 않는다'는 것이었다. 상대가 거절 의사를 표시할 경우, 그가 ACN을 잘 몰라서 거절한 것이거나 자신이 설명을 잘 못해서 거절한 것이므로 그 거절을 절대로 심각하게 생각하지 않았다고 한다.

강사 자신이 ACN에 대해 확신을 가지고 있기 때문에 거절당한 것은 자신의 자존심과 전혀 상관없는 것이라며, 자신만만한 채 행복해 하고 ACN에서 최고 직급인 SVP에 대한 꿈에 부풀어 있었다.

여기 23살에서 28살까지의 또 다른 청년들이 있다. 그들은 공무원 시험 준비를 하는 청년들이다. 몇 년씩 피나는 노력에다 부모의 후원으로 시험 준비를 하지만 뜻을 이루는 사람은 소수에 불과하다.

나는 생각해 본다. 그들이 숱한 어려움과 여러 번의 실패를 거쳐 합격한 뒤에 만나는 행복감과 이정재 사장의 행복감을 비교해서 누구의 행복감이 더 클 것이라고 판단할 사람은 아무도 없다.

누가 더 행복할 것인가는 관점에 따라 다르기 때문에 아무도 단정적으로 말할 수는 없는 것이다. 내가 지금까지 살아 보니 어느 직업이나 애환은 있고 권리와 의무는 항상 동반되는 것이라서 사람에 따라 느끼는 좋은 점과 어려운 점은 어느 직업에나 있기 마련이다. 권리가 많으면 의무도 많다는 일반론은 차치하고서라도 직업에 대한 확고한 소명의식에 대한 문제로 꼭 공무원을 해야만 행복할 수 있다는 주장은 처음부터 억지다.

지금부터 2,100년 전쯤에 완성된 중국역사서 《사기(史記)》의 저자 사마천이 쓴 《사기열전》의 마지막 부분으로 돈을 증식시키는 내용의 〈화식열전〉에는 "거대한 부를 이룬 사람은 제왕이나 제후와 같은 권리와 자유를 누리는 신분이 되었다"고 기록되어 있다.

입법, 사법, 행정이 분리되지 않고 한 사람에게 권력이 집중된 고대 중국 사회에서 이런 그의 주장은 시사하는 바가 매우 크다.

아무리 과학이 발달하고 시간이 가도 변하지 않는 것이 있다. 그것은 우리의 일상적 삶이다. 그 삶을 지탱시켜 주는 것이 의식주 생활이다. 시대가 변해 지금의 제 4차 산업혁명시대에도 어느 나라 어느 신분의 사람이든 먹지 않고 입지 않고 살 수는 없다.

따라서 매일의 현명한 소비생활을 지원하는 네트워크 마케팅은 젊은이가 도전하기에 충분히 가치가 있는 삶의 대안이며 직업이다.

이정재 사장은 그 나이에 그만한 성취를 하고 리더로서 역할을 하고 있으니 앞길이 탄탄대로일 것이다.

부디 더욱 더 정진해 주위 후배들과 지인들에게 행복 바이러스를 퍼트리기 바란다. 그의 강의에서 많은 것을 배웠지만 무엇보다 그의 심플한 감각이 나에게 신선하게 다가왔다.

사마천이 〈화식열전〉에서 말하는
ACN

사마천은 기원전 145년에 출생해 55세에 사기(史記)를 저술하기 시작했다.

지금부터 2,100여 년 전에 지은 사기는 중국뿐만 아니라 우리나라 역사까지 아우르는 동양의 정통 역사서이다. 화식열전(貨殖列傳)은 전국시대에서 한(漢)시대에 걸쳐 무위무관(無位無冠)인 벼슬도 없고 정부직책도 없는 평민으로서 정치를 어지럽히지도 않고 남의 생활을 방해하지도 않고 자신의 장기를 살려 때맞춰 거래해서 재산을 늘려 부호가 된 사람들의 이야기이다.

그는 농업보다 공업을, 공업보다 상업을 하는 게 부를 쌓는 데 더 유리하다고 했다.

당시 중국은 농업을 천하지대본으로 여기고 상업을 말

업(未業)으로 천시하는 풍조였는데 인간의 경제적 활동을 중요시하여 당당하게 하나의 열전으로 집필하고 천대 받던 상업이 부를 이루는 첩경이라고 설파한 것은 대단한 탁견이다. 사마천의 이 주장은 지난 2천 년 이상 검증되었고 우리나라에서도 이제는 상업에 대한 인식이 많이 달라져 있다.

하지만 우리나라 역시 아직도 조선시대 역사 500년 동안 사농공상 사상이 우리 사회를 지배했고 지금도 그 잔재가 남아 관직, 농업, 공업 다음의 말직을 상업으로 간주하는 경향이 있다. 사마천은 백성들은 창고가 차 있어야 예절을 알고 여유를 찾을 수 있으며, 위정자는 국가 재정이 튼튼해 이익을 미끼로 백성을 인도해야 좋은 정치를 할 수 있다고 벌써 2천 년 전에 간파했다.

그는 "천금을 가진 부자의 자식은 시장에서 피살되지 않는다"고 했다. 그 이유로 "천하의 사람들은 화락하여 이(利)를 위해 오고, 천하의 사람들은 분잡하여 이(利)를 위해 가기 때문"이라고 했다. 또한 그는 서민들의 부에 대한 생각을 "일반 서민은 상대의 부(富)가 자기보다 10배가 많으면 그를 비하하고 질시하며, 백 배가 되면 두려워하고 꺼리며, 천 배가 되면 그를 존경하고 무엇이든 그를 돕고

자 하며, 만 배가 되면 기꺼이 그의 노예가 되기 위해 최선을 다한다"고 했다.

이 얼마나 재화에 대한 인간의 속성을 예리하게 파헤친 표현인가. 2100년이 지난 오늘날에도 비 오는 날 시골길을 걸어가는 사람이 소형차가 물보라를 치며 지나가면 욕을 한다. 하지만 고급 외제차가 물보라를 치고 지나가면 욕을 하지 않는다. 초중고에서도 마찬가지다. 얼치기 부자 아이는 왕따를 당하지만 진짜 부자 아이 곁에는 아이들이 몰린다.

삼성이나 현대 등 대기업에 취직하기 위해 얼마나 많은 대학 졸업생들이 고군분투하는가. 차원만 다르지 결국 노예나 다름없는 대기업 취업에 목숨을 건다는 것을 사마천은 2100년 전에 미리 알고 있었다니 놀라운 일이다. 당시 운송, 보관 등에 비용이 많이 든다고 상업 속담에 "백리 먼 곳에 땔나무를 팔지 말라. 천리 먼 곳에 쌀을 팔지 말라"고 했다.

현재 우리나라의 음식배달 웹인 '배달의 민족'은 단순히 음식점과 외식을 원하는 사람들을 연결해 주는 플랫폼 비즈니스를 한다. 이 업체는 음식점이나 야식 업체를 하나도 소유하지 않았고 멀리까지 배달도 가지 않는다. 하지만 번창하고 있다.

지금 사마천이 살아 있다면 그는 분명 "네트워크 마케팅을 해라. 플랫폼 비즈니스가 돈벌이의 첨경이다"라고 할 것이다. 각지에 흩어져 있는 상품을 사서 우마차로 나르고 관청의 눈치를 봐야 했던 사마천 시대의 상업에서도 거만의 부를 이룬 사람들이 이 열전에 나온다. 지금과 전혀 비교가 안 되는 상황에서도 그들은 부를 쌓았다.

그런데 지금 우리는 이(利)를 위해 오지도 가지도 않는다. 우리는 그저 네트워크 마케팅을 무조건 백안시하고 체면 구기는 일로만 생각한다.

성공한 자영업자의 한계와
ACN 플랫폼 비즈니스

지금 음식점이나 중소기업을 성공적으로 운영하는 자영업자라도 한계는 있다.

*인세 수입이 아니라 노동 수입이므로 경제적 부를 쌓는 데 한계가 있다.

*자영업은 그 업종의 흐름을 잘 읽어야 성공한다.

*상권 분석. 그리고 트랜드 변화 등등에 항상 촉각을 곤두세워야 한다.

*운영자의 건강이 악화되어 일을 쉬면 곧바로 수입이 끊긴다.

*세계의 신흥 부자들은 모두 플랫폼 비즈니스를 하고 있다.

ACN 플랫폼 비즈니스는 우리가 이제까지 국가나 대기

업만 할 수 있던 통신사 대리점이나 렌탈회사들이 취급했던 물품이나 서비스 상품들을 ACN 플랫폼이 깔린 내 핸드폰 안에 있는 내 점포에서 소비하고 우리가 내는 금액이나 요금의 일정 %를 우리 수입으로 하는 것이다. 잘 몰랐을 때는 어쩔 수 없었지만 이런 구조를 안 현재는 이름도 얼굴도 모르는 사장님들이 우리들이 내는 요금에서 벌어가던 수천만 원의 돈을 이제는 내가 가져가게 한다.

다시 말해 나나 내 가족, 내 친지들이 소비하는 물품이나 서비스를 내 온라인 점포에서 거래하게 되면 나나 내 가족, 친지들이 지불하는 물품 값이나 내는 요금의 일정 %가 내 수입이 된다는 것이다. 내 점포를 이용하더라도 그 상품들을 소비하는 데 전혀 손해를 보거나 불편한 것이 없다. 오히려 나나 친지들은 지금보다 똑같은 서비스를 받으면서도 할인된 싼 요금을 내게 된다.

따라서 친지들이 내 온라인 점포를 이용하게 하는 데 주저하거나 망설이게 할 필요가 전혀 없다. 그들에게 당당히 내 점포를 이용하라고 말해도 된다. 성공한 선배들은 이미 검증한 ACN 시스템은 불법이나 부정한 방법이 아닌 좋은 인간관계를 확장시키고 나와 관계되는 모두가 더욱 윤택한 삶을 꾸릴 수 있는 기회의 비즈니스라고 자신 있게 말한다.

현재 자영업을 하거나 회사에 나가고 있어도 자투리 시간을 내 사이드 잡이나 투 잡으로도 1년만 버티면 성공이 담보된다.

대기업이나 공무원 시험 합격을 바라거나 이미 취직해 과장이 되기 위해 수년씩 노력해야 하는 사람이 투자하는 시간과 성공적인 ACN 플랫폼 비즈니스 마케터가 되기 위해 100시간 정도 공부하고 100시간 정도 연구하는 시간의 기회비용을 한 번 비교해 보는 것도 결코 무의미한 일이 아니다. ACN은 확고한 결단만 있으면 어느 직종보다 성공 확률이 매우 높은 사업이다. 누구의 간섭도 받지 않고 자유롭게 자신의 시간을 쓸 수 있으며 이미 거론한 자영업의 한계도 가볍게 뛰어넘을 수 있다.

다만 목표(꿈)를 설정하고 열정적으로 ACN 시스템에 나를 온전히 맡긴다는 조건이 있다. 60세를 넘어 평생 일할 수 있고, 또 수입이 매달 꼬박꼬박 평생 나올 수 있는 인세 시스템을 만드는 데 딱 1년만 버티면 성공하는 구조가 완비된 ACN 플랫폼 비즈니스는 여느 직종의 성공한 사업자보다 훨씬 좋다.

흔들리며 피는 꽃 _ 도종환

흔들리지 않고 피는 꽃이 어디 있으랴

이 세상 그 어떤 아름다운 꽃들도

다 흔들리며 피었나니

흔들리면서 줄기를 곧게 세웠나니

흔들리지 않고 가는 사랑 어디 있으랴

젖지 않고 피는 꽃이 어디 있으랴

이 세상 그 어떤 빛나는 꽃들도

다 젖으며 젖으며 피었나니

바람과 비에 젖으며 꽃잎 따뜻하게 피웠나니

젖지 않고 가는 삶이 어디 있으랴

도종환 시인의 시 〈흔들리며 피는 꽃〉입니다. 서정주 시인의 〈국화 옆에서〉나 장석주 시인의 〈대추 한 알〉이 생각나는 시입니다. 이 시를 좋아하는 지인이 있는데 그가 내게 '너무 흔들려서 아름다운 꽃이 피지 않는다'고 합니다. 좀 삭막하지요. 하지만 아름답거나 아름답지 못해도 꽃은 피고 쭈그렁 열매라도 맺으니 우리의 삶(적어도 나의 삶)도 누구의 눈에 어찌 평가되든 그냥 괜찮은 삶이 아닐까요.

(출처 : 도종환 시집 《사람의 마을에 꽃이 진다》 2011, 문학동네 간)

ACN 플랫폼 비즈니스는
다단계가 아니다

사람들은 네트워크 마케팅은 사기성 다단계를 고상하게 포장해 말만 바꾼 것일 뿐 둘은 똑같은 것이라고 말한다. 피라미드 사기 조직=다단계 판매=네트워크 마케팅이 똑같은 것으로 알고 있는 게 오늘 우리나라의 현실이다.

누군가 가족이나 가까운 지인이 부동산 중개업소를 개업했다면 우리는 창업을 축하하고 언제쯤 밥 한번 먹자는 그의 말에 가볍게 약속을 하고 만다. 하지만 그가 다단계를 시작했다면 대개 많은 사람들은 점심 약속을 피하는 건 물론 그가 전화라도 할까 봐 전전긍긍하기까지 한다.

나의 아내도 ACN 플랫폼 비즈니스를 남에게 피해를 주는 피라미드나 불법 다단계로 지레 짐작, 내가 ACN 플랫폼 비즈니스를 시작할 당시 참 많이 반대했다. 나는 가장 가까운 아내부터 설득시키기로 했다. 아내의 눈높이에서 플랫폼에 기반한 네트워크 마케팅인 ACN 플랫폼 비즈니스를 보다 쉽게 설명하기 위해 지난 30여 년 동안 아내가 내 곁에서 지켜본 부동산 중개업과 비교해 설명하기로 했다. 양자 모두 소개하고 광고해 수수료를 받는 구조이니 둘은 똑 같다.

우리나라에 불법 다단계는 1990년대 초 일본에서 들어온 자석요, 돌침대 등 고가의 내구 소비재 판매로부터 시작되었다. 이런 물건들은 다단계 회사에 가입한 회원들에게 '회원가'나 '엄청난 할인가' (사실은 회사의 이익이 충분히 더해진 가격)에 회원들에게 팔고 그걸 산 회원들은 자신의 이익을 더해 지인이나 친척들에게 매도되었다. 결국 고가이면서도 건강 등에서 검증되지 못한 상태에서 효과만을 부풀린 이런 제품, 거기다 있어도 그만 없어도 그만인 이런 물건들은 시장에서 외면을 받게 되고 결국 돈을 투자해 제품을 산 회원들(회원가로 사서 팔지 못한 회원들)만 피해를 보게 되어 결국 사회문제가 되었다.

이제 이런 피라미드와는 시스템 자체가 전혀 다른 원천적으로 불법이 차단된 구조인 합법적인 네트워크 마케팅이 새롭게 탄생했지만 일반인들은 둘을 아직도 같은 것으로 인식하고 있다. 우리는 '다단계' 라는 단어 자체에 거부감을 느낀다. 막연히 '다단계' 라는 말을 들으면 사기라든가 손해 보는 것으로 각인되어 있다. 하지만 '다단계' 라는 단어는 일반 기업의 대리점, 소매상 등 단계적 판매 구조나 사장부터 전무, 상무, 부장, 과장으로 이어지는 기업의 관리구조는 물론 직업 공무원 제도가 확립된 정부 조직 등이 모두 다단계 구조이다.

따라서 '다단계' 라는 단어 자체가 불법이고 사기 집단이라는 말은 맞지 않는다. 한탕 해 쉽고 빠르게 돈을 벌려는 일반인들의 심리를 교묘히 이용하려는 사람들에 의해 만들어진 피라미드나 불법 다단계 회사들은 대부분 역사도 짧고 회사의 자산 규모도 크지 않아 신용등급도 매우 낮다.

아래 표는 2003년부터 2007년까지 국내에서 발행된 네트워크 관련 책들과 ACN에서 교육 받은 내용들을 종합해 피라미드, 다단계, 네트워크 마케팅의 다른 점과 같은 점을 비교한 것이다.

피라미드, 다단계 판매, 네트워크 마케팅 다른 점과 같은 점

구분	피라미드	다단계 판매	네트워크 마케팅
은행, 공인기관 신용 등급	낮다	낮다	국내은행, 국제 신용평가기관 신용등급 높음
소비 양태	의식 소비	의식 소비	무의식 소비 품목 증가
제품의 다소	종류 적음	종류 한정	종류 많음(생필품, 전화 등 필수 서비스 및 렌탈 품목
품질	개인, 기업 자체 인증	기업 자체 인증	국내 공인, 국제 공인 제품
재고 부담	있음	있음	부담 없음
수익 구조	제 3자 바가지 매매	물품 소개 및 방문 판매	제품 및 서비스 상품 중개, 광고
보상체계	부실	부실 전산화 부실	보상체계 공개 −전산화 완벽
실적 누적	매월 정산함 다음달은 제로에서 출발	매월 새 정산 시작	매달 정산하지 않고 실적 계속 누적
구매	실적 강요 판매용 강제 구매	판매용 자율 구매	자가 소비용 자발 구매
수입의 종류 상속 여부	노동 수입, 상속 불가	노동 수입, 상속 불가	인세 수입, 상속 가능
조직	선순위자 우대 사다리 구조	선순위자 우대 사다리 구조	선순위자 우대 없음 거미줄 방사선구조
사업 중단시 경제적 손실	회생 불능	회생 불능	경제적 손실 전혀 없음

겨울 강가에서 _ 안도현

어린 눈발들이, 다른 데도 아니고
강물 속으로 뛰어내리는 것이
그리하여 형체도 없이 녹아 사라지는 것이
강은,
안타까웠던 것이다
그래서 눈발이 물 위에 닿기 전에
몸을 바꿔 흐르려고
이리저리 자꾸 뒤척였는데
그때마다 세찬 강물소리가 났던 것이다

그런 줄도 모르고
계속 철없이 철없이 눈은 내려,
강은,

어젯밤부터

눈을 제 몸으로 받으려고

강의 가장자리부터 살얼음을 깔기 시작한 것이었다

안도현 시인의 시 〈겨울 강가에서〉입니다. 뜻 없이 제 맘대로 내리는 눈발을 보호해 주고 싶은데 부모 속도 모르는 어린애처럼 철없이 아무 곳에나 눈발이 흩날리네요. 그래도 어찌 합니까. 부모인데, 녹지 않게 사라지지 않게 뻔히 보이는 한계지만 몸이라도 뒤척여 봐야지요. 강을 나로 의인화 하는 것은 내가 아직은 사회에 살얼음이라도 깔 수 있는 능력이 있기 때문일까요.

은퇴 창업, 실버 창업 'ACN 플랫폼 비즈니스'가 최상의 대안이다

조기 퇴직을 한 사람, 70세가 넘은 사람들 중 노후 준비가 부실해 창업이나 일자리를 구해야 하는 사람은 물론 노후 준비가 되어 있어도 백수로 살다 보면 월급여와 관계없이 일하고 싶은 사람들의 경우 음식점 등 자영업을 창업하는 사람들이 있는데 이는 매우 위험한 발상이다.

음식점 창업과 'ACN 플랫폼 비즈니스' 창업을 다음 표에서 비교해 보았다.

플랫폼에 기반을 둔 네트워크 마케팅인 'ACN 플랫폼 비즈니스'는 노후 준비가 잘 되어 있는 사람의 경우에도 여러 가지로 유리하다는 것은 다른 곳에서도 썼다. ACN 플랫폼 비즈니스 시스템은 하위 라인(Down line)이 잘 되어야 상위 라인(UP line)도 성공하는 상생 협력 시스템이다.

또 친소관계를 팀워크로 이루어지는 게 대부분이기 때문에 뜻 맞는 좋은 사람들과 정기적으로 만난다. 그들은 매출이 발생하면 이익을 서로 나누므로 더욱 친밀한 관계가 형성되고 여가도 함께 선용한다. 무엇보다 '누군가를 돕는 보람된 일'을 하기 때문에 정신건강에 좋다.

구분	음식점 창업	ACN 플랫폼 비즈니스 창업
접근성	고객 유동 많은 지역, 코너	개업 장소에 구애 받지 않음
점포 임대료, 인건비, 홍보비, 내 외부 치장비 등	초기 투자, 리스대비 큰 자금 필요	비용 없음
제품 차별화 난이도	맛, 서비스 차별화 어려움	정부 공인 인증 제품 차별화 고려 안 함
구매빈도 매출 규모	점심, 저녁시간 내방 고객 한정	매시간 사용(핸드폰) 매출 규모 무한정
미래 보장 수익 창출	건별 노동 수익	누적적 인세 수입 시스템(팀)이 수익 창출
시간 활용	영업 준비, 종일 점포에 올인	산책, 운동, 독서, 사색 본인 자유의사, 조정 가능
영업장 크기	절대적 제약	제약 없음
성공 시한	5년 이상 해도 성공 불투명	1년만 버티면 무조건 성공
연속 구매 단골 만들기	단골 만들기 2년 이상 소요	네트웍 구축 기간 팀 협업 3개월이면 충분

※ 찾아가는 비즈니스가 찾아오게 하는 비즈니스(음식점)보다 쉽고 리스크가 없다.

향후 대세는 플랫폼 비즈니스

우리의 5년 후를 위해 여러분들은 어떤 계획을 가지고 계신가요? 더 나은 미래를 위한 준비가 필요한 때라고 생각하진 않으시나요? 여기 혁신적인 방법으로 성공한 회사가 있습니다. 생각의 시작은 아주 단순했습니다. '비용을 절감하고 싶은 여행자와 빈 방으로 수익 창출을 원하는 사람들을 만나게 할 수 있다면?' 이 단순한 생각은 10년도 지나지 않아 회사를 현재 190개국에서 200만 개의 숙소 정보를 보유한 기업 가치 29조 원이 넘는 거대한 회사로 성장시켰습니다.

어떻게 이런 일이 가능했을까요? 먼저 전통적인 개념을 넘어선 생각의 변화를 꼽을 수 있습니다. 판매는 수익이라는 고정관념을 버리고 기업과 소비자가 연결되는 공간 속에서 수익을 창출하는 혁신적인 방법을 추구하였습니

꿈을 연주하는 여든의 노래

다. 두 번째는 비즈니스의 확장성입니다. 가상의 공간 안에서 기업과 소비자가 기하급수적으로 늘어나도록 하여 수익을 극대화하였습니다. 즉, 기존의 생각을 바꾸고 사업의 확장성을 예측한 미래를 보는 눈이야말로 성공의 비결이라 할 수 있습니다.

이처럼 어떤 제품이나 서비스를 제공하는 기업과 그 제품이나 서비스를 구매하려는 소비자가 모이는 일종의 가상공간을 통해 수익을 창출하는 비즈니스가 바로 플랫폼 비즈니스입니다. 공장을 짓고 제품을 만들고 유통·판매하는 전통적인 비즈니스 방식이 아닌 가상의 공간 즉, 플랫폼 안에서 기업과 소비자를 연결함으로써 수익을 창출하는 기존과 다른 혁신적인 비즈니스 모델이라 할 수 있습니다.

만일 이러한 플랫폼 비즈니스의 주인공이 여러분이 된다면 어떨까요? 여러분이 보유한 가상공간 안에서 기업과 소비자의 거래 활동으로 인해 당신에게 수익이 발생되는 놀라운 일이 벌이지게 될 것입니다. 만일 누구나 사용하는 휴대폰 서비스를 제공하는 기업에 이 서비스를 필요로 하는 사람을 연결해 주는 것만으로도 여러분에게 수익이 생기는 플랫폼 비즈니스가 있다면 믿어지시겠습니까? 바로 그러한 플랫폼 비즈니스의 기회를 ACN이 제공합니다.

ACN과 함께라면 여러분은 개인 온라인 스토어 즉, 플랫폼을 보유하게 되며 ACN은 여러분의 온라인 스토어를 통해 일상의 필수 제품과 서비스를 제공할 수 있게 됩니다. 다시 말해 ACN을 만나는 순간 여러분은 최고의 기업들이 함께하는 플랫폼을 갖게 되는 것입니다.

그뿐만이 아닙니다. ACN의 플랫폼을 기반으로 한 글로벌 네트워크를 통해 글로벌 비즈니스의 기회도 제공받을 수 있습니다. 예를 들어 미국과 일본에 있는 지인들도 여러분의 온라인 스토어에서 제품과 서비스를 이용할 수 있으며, 그들이 서비스를 이용할 때마다 여러분들에게 수익이 창출되는 것입니다.

이 모든 일은 1993년 미국에서 시작하여 전 세계 26개국에서 무한 성장을 거듭하고 있는 ACN이기에 가능한 것입니다. 이러한 ACN의 성장은 세계 유수의 경제잡지에서도 앞 다투어 소개한 바 있습니다.

이처럼 ACN 사업이 빠르게 성장하고 있는 이유는 무엇일까요? 그것은 바로 반드시 사용해야 하는 일상의 필수 서비스와 제품을 비즈니스 아이템으로 제공함으로써 일반적인 비즈니스의 리스크 없이 누구나 사업을 할 수 있기 때문입니다.

그러한 ACN의 사업 철학은 한국에서도 그대로 이어지고 있습니다. 누구나 사용하는 휴대폰, TV, 인터넷, 카드 결제 서비스, 건강을 위한 라이프 서비스, 홈 security 서비스 등 일상생활에서 반드시 필요한 제품과 서비스를 통해 국내 수많은 사람들이 이미 일상적인 지출을 수익으로 만드는 놀라운 경험을 하고 있습니다.

휴대폰을 바꾸려는 친구에게 ACN 텔레콤 서비스를, 건강한 프리미엄 라이프를 추구하는 직장동료에게 ACN 라이프 서비스를, 사업을 하는 선배에게 ACN 머천트 서비스와 ACN security 플랫폼 서비스를, 이렇게 ACN이 제공하는 일상 속 필수 제품과 서비스를 필요로 하는 사람에게 단순히 연결만 시켜주면 됩니다.

여러분들은 이미 누군가에게 감동적인 영화를, 맛있는 식당을, 좋은 여행지를 소개해 주신 경험을 갖고 계실 겁니다. 바로 자신의 경험을 필요한 누군가에게 소개시켜 주는 행동이 플랫폼 비즈니스의 기본입니다. 좋은 영화와 맛있는 식당을 소개시켜 주듯 온라인 스토어에 있는 일상생활 속 필수 서비스와 제품을 필요로 하는 누군가에게 소개해 주는 것만으로 여러분들에게 수익이 발생하는 것입니다.

여러분들은 앞으로도 누군가에게 좋은 것들을 추천하는 일들을 계속하게 될 것입니다. 하지만 뛰어난 안목을 가진 누군가는 이러한 소개를 하는 것만으로 수익을 만들어가고 있음을 잊지 마시기 바랍니다.

ACN은 이미 26년 동안 전 세계 26개국에서 수많은 사람들에게 성공적인 사업 기회를 제공한 검증된 시스템과 노하우를 보유하고 있습니다. 그러한 ACN과 함께 여러분의 반복적이고 간단한 노력만 더해진다면 여러분들의 5년 후의 미래는 지금과는 많이 달라질 것입니다.

ACN 안에서라면 한계가 없습니다. 생각을 바꾸는 순간부터 무한한 가능성의 기회는 여러분을 향해 열리게 됩니다. 이제 그 기회를 선택하는 것은 바로 여러분의 몫입니다.

(출처 : 네이버의 'ACN 플랫폼 비즈니스' 검색에서)

B6판/ 안전신문사 간/ 값10,000원

열정 앞에서는 여든도 젊다!

여든도
젊다!

김상헌 에세이

    우리나라도 초고령화 시대에 진입하고 있어 80세는 기본이고 90세, 100세까지 살 수 있게 됩니다. 여든에도 일을 하는 것은 우리 모두의 일이라 생각되어 이 책의 제목을 '여든도 젊다' 라고 하였습니다.

    나 혼자 시작한 것이 지금은 수십 명의 직원이 되었으며, 4.5평에서 시작한 공간이 지금은 수백 평이 넘었고 그 외에도 모든 것이 개미가 아닌 공룡으로 변해 가고 있습니다.

– 〈본문〉 중에서

(주)안전신문사

서울시 중구 퇴계로 210-12 안전빌딩 전화 : 02) 2275-3408 이메일 : anjun119@chol.com

네트워크 마케팅의 장단점

네트워크 마케팅은 나 홀로 단위로 이루어지는 사업이다. 하지만 개인 점포 사업같이 경쟁업체를 죽이고 나만 잘 되면 번창하는 한계 사업이 아니다. 이 사업은 네트워크가 얼마나 촘촘히 엮어졌느냐에 따라 한계 없는 성장이 가능한 사업이다.

같은 팀끼리 협업이 얼마나 잘 조직되느냐에 따라 성장 규모가 달라진다.

팀에서 각개 개인의 활약과 개인의 노력이 팀 전체의 성장에 시너지 역할을 해 무한정 성장 결정적인 역할을 하는 특징이 있다.

개인이 사장인 1인 기업인 네트워크 마케팅 비즈니스는 나 홀로 하지만 팀과 상생해야 하는 사업인 만큼 장점도 있고 단점도 있다.

90

꿈을 연주하는 여든의 노래

장점으로는

1. 네트워크 마케팅은 자신의 신용을 쌓고, '파트너가 성공해야 내가 성공' 하는 시스템으로 진정한 친구(단순히 감정적이 아닌 물질적 이익까지 같이 할 수 있는)의 범위를 넓힐 수 있고 성취 의욕을 넘치게 하는 나 자신이 스스로 즐기는 사업이다.

2. 특별한 학력이나 경력이 없고 나이가 많든 적든 보통 사람들이 소자본을 투자해 자신의 온라인 대리점을 개설하면 된다. 조건이 있다면 순전히 확고한 신념과 꼭 정상에 서겠다는 결심을 다지는 것이다. 엄청난 경제적 보상과 무엇이든 원하는 것을 누릴 수 있는 무한정한 자유를 얻을 수 있는 이 사업은 자본주의 경제의 최고 발명품이다.

3. 이 사업은 전통 산업이 가지고 있는 여러 가지 약점 즉 제품의 기획, 생산 과정, 광고 홍보에 들어가는 엄청난 인건비와 설비비가 없다. 또한 판매를 위한 대리점 운용, 배송 및 운송, 제품 전시 등의 비용이 없고 수금이나 외상에 대한 관리비용은 물론 품질 보증이나 소비자 불만 신고, 소비자 의견 수렴, 반품 등에 관한 에프터서비스 비용도 없다. 이들 모두는 파트너 회사나 네트

워크 마케팅 본사에서 대행한다. 따라서 마케터(개인
사업자)에게는 전혀 부담이 되지 않는다. 온라인 대리
점인 1인사업자 네트워커는 오로지 열정과 끈기만 가
지고 취급 제품이나 제공되는 서비스 상품에 대한 소
개, 광고와 사업 파트너 확보만 열심히 하면 된다.

4. 일정기간 시스템에 온몸과 마음을 온전히 맡기고 끈기
   있게 활동만 하면 되는 이 사업은 열심히 한 만큼 정직
   하게 보상받는 사업이다. 예외는 절대로 없다.

5. 처음 시작할 때는 어렵지만 일정 시간이 지나 어느 정
   도 수준에 도달하면 더하기가 아닌 배수로 늘어난
   다.(더하기 법칙이 1더하기 1은 2, 2더하기 2는 4, 4더하
   기 4는 8과 같이 배수로 늘어난다.)

배수로 늘어 7단계가 되면 128명의 네트웍이 짜여진다. 7
   단계 이상 작동되면 일은 엄청나게 쉬워지고 실적도 상
   상 이상으로 올라간다.

6. 한 번 만들어진 구조는 계속 유지되고 증가할 수밖에
   없다.

7. 평생직장이다.

8. 상가 임대 수익같이 한 번 수익이 들어오면 잠을 자고
   있거나 휴가 중에도 돈이 들어온다.

9. 유산으로 상속이 가능하다.

10. 나와 타인에게 수익과 자유로움을 주는 사업이며 더하여 친구 부자, 시간 부자, 경제적 부자로 만들어 준다. 단계가 많아져 더 촘촘히 네트웍이 짜여지면 성취 의욕은 가늠할 수 없이 높아진다. 이는 내가 행복하고 내가 도와 남을 행복하게 해 주는 사업이다.

11. 신분, 학력, 경력에 제한을 받지 않고 1인 개인 자신의 열정과 의지, 노력만 있으며 누구나 성공할 수 있다.

12. 부업으로도 가능하며 은퇴 후 자신의 행복을 담보해 주는 안전장치가 된다.

그러나 스스로 극복해야 하는 단점도 있다.

이들 단점들은 스스로 마음가짐과 노력으로 충분히 극복할 수 있다.

1. 제일 큰 단점은 선진국인 미국과 영국에서는 유통의 한 축을 담당하는 정상적인 비즈니스로 인식되고 있으나 우리나라에서는 불법 다단계로 자석요 판매나 간간히 언론 매체에 보도되는 피라미드처럼, 사기이고 불법이며 패가망신하는 사업이라는 부정적 이미지가 있다.

2. 사업 시작점에서는 혼자 진행하는 사업이므로 거절을

겨게 되면 정신적으로 힘들고 외로움을 느낄 때도 있다. 스스로 거절을 즐기는 방법을 찾아낸다. 그 과정에서 스폰서나 Up line(업라인) 응원과 격려를 받기도 하고 이미 이루어낸 실적이나 조만간 이룰 성과로 그들 앞에 떳떳이 나설 방법을 모색한다.

3. 초반에는 성과가 기대만큼 나타나지 않는 경우가 대다수이므로 이 시간을 인내하고 항상 희망을 잃지 말아야 한다.

4. 본사의 광고를 통해 이미지를 개선하거나 후원을 기대할 수 없고 인터넷상의 안티 사이트도 스스로 극복할 방법을 찾아야 한다.

5. 항상 타인의 시선을 의식해야 하는 부담감이 있고 다음과 같은 부담스런 질문에 대해 대답할 준비가 되어 있어야 한다.

    a) 피라미드인가; 친척이나 친구 등 다른 사람에게 피해를 주어야 돈을 벌 수 있는 사업이 아닌가.

    b) 먼저 시작한 사람이 유리하고 결국 그들의 이용만 당하는 게 아닌가.

    c) 아는 사람 중에 피해 본 사람이 있고 의욕적으로 시작했지만 돈을 번 사람을 보기 힘들고 당신도 결국

실패하지 않겠는가.

d) 제품의 질이 나쁘고 가격도 비싸더라.

e) 주변 사람들에게 떳떳하지 못한 사업이다; 내가 무엇이 부족해 다른 사람에게 아쉬운 소리를 해야 되고 부탁을 해야 하나.

f) 친한 사람에게 만약 거절당하면 어떻게 자존심과 상한 마음의 상처를 극복하고 그들과 관계 회복을 할수 있는 방법은 무엇인가.

내가 겪은 지인들의
불법 금융 다단계 피해 사례

이 세상에는 절대로 노력 없이 쉽고 빠르게 돈 버는 방법은 없다. 누가 그걸 모를까. 하지만 고수익에 눈이 어둡고 현란한 말솜씨에 걸려 잠깐 고수익의 유혹에 빠지는 사람들이 있다.

회비만 내면 로또 복권 당첨 번호를 알려주는 회사가 있다고 한다. 대부분의 사람들은 고개를 젓지만 개중에 이런 회사의 유혹에 넘어가는 사람이 있다. 왜일까. 쉽게 큰돈을 벌 수 있다는 달콤한 유혹을 떨쳐내지 못하기 때문이리라.

부동산 쪽에도 고수익 미끼에 걸려 등기부 등본조차 확인하지 않고 집과 땅을 사는 사람들이 있다. 참으로 안타깝다. 지금도 가끔 기획부동산에 속아 절대로 개발되지 않는 땅을 나중에 큰돈이 된다는 유혹에 덜컥 싼 값(사실은 충분히 기획부동산 회사의 이익이 더한 가격)에 산다. 개발 계획은 해당 지자체에 물어 보면 금방 알아 볼 수 있는 일인데 나중에 그 땅이 10배가 오른다는 말을 그냥 믿는 사람들이 있어 황당하기까지 하다.

불법 다단계판매나 금융 피라미드 회사는 이런 부동산 사기의 전형인 기획부동산의 수법과 거의 같다. 부동산 공법상 절대로 개발되지 않을 싼 땅을 사서 영업 조직을 통해 개발될 것처럼 포장해 회원을 모집하여 회사가 산 가격의 몇 배로 일단 회원에게 팔고 그 회원이 친척이나 가까운 지인 또는 다단계 방식으로 '좋은 부동산'이라 부추겨 부동산에 대해서 잘 모르거나 부동산 계약 절차 등을 잘 모르는 불특정 일반인에게 파는 것과 같다.

한 때 기획부동산 콜센터에서는 전화번호부에 나와 있는 전화번호를 가나다순으로 무작위로 골라 "좋은 땅이 있다"는 전화를 무작정 해댄 적이 있다. 한 번 쯤 이런 전화를 받아본 사람들이 많을 것이다. 효과가 신통치 못하자 기획부동산은 연고를 찾아 세일즈를 했다.

주식 현금 부동산에 분산 투자하는 것은 전형적인 자산 삼분법으로 재테크에 부동산을 활용하는 것은 절대로 나

뻔 것이 아니다. 부동산을 제대로 모르고 일확천금만 꿈꾸고, 기획부동산 유혹에 빠지기 때문에 문제가 되듯 네트워크 마케팅은 절대로 나쁜 게 아니다. 합법적인 네트워크 마케팅을 변질시켜 불법 피라미드 회사를 만든 사람들과 그 유혹을 떨쳐 내지 못한 사람이 문제이다.

물론 불법 금융 다단계를 만든 사람이 더 문제인 것은 맞다. 나는 그들의 수법에 속지는 않았지만 평소 신뢰를 쌓아온 지인들을 잃은 가슴 아픈 기억이 있다. 몇 년 전에 오래 알고 지내던 지인으로부터 좋은 강의가 있으니 한 번 들어 보라 해 서초동에 있는 강의장에 갔다. 나는 어느 강의나 습관처럼 일찍 가서 맨 앞에 앉는 버릇이 있어 그날도 앞줄에 앉아 열심히 강의를 들었다.

그 날 강의 내용의 핵심은 "우리는 투자 전문가인데 투자금이 들어오면 매일 회의를 해 가장 좋은 곳을 투자처로 정해 고객들의 돈을 투자하는데 매월 8%의 수익을 투자자에게 돌려준다"는 것이다. 그러면서 자신들의 투자가 얼마나 정확한지를 설명하고 실제로는 수익이 10%를 넘어 투자자에게 8%를 돌려주고 남는 돈을 회사 운영자금으로 쓴다고 했다. 나를 초대한 그 지인은 내게 자신은 5,000만 원을 투자해 매월 수익을 받는다며 자신의 통장에 매월 꼬박꼬박 들어온 400만 원이 찍힌 통장을 나에게 보여주었다. 하지만 나는 투자하지 않았고 그 지인은 몇 달 이자를 받고는 원금은 돌려받지 못 했다.

또 한 번은 **코인의 유혹을 받았다. 나를 그 코인 회사에 소개한 사람 또한 평소 오랫동안 신뢰를 쌓아온 친구의 동생이다. 그 동생은 자신은 1억을 투자해 4개월 만에 1억 6천만 원을 받았다며 내게도 투자를 권유했다. 내가 돈이 없다니 그럼 대출이라도 받아 1천만 원을 투자하면 4개월 뒤 1천 6백만 원을 받을 수 있으니 투자하라는 것이었다. 물론 나는 그리하지 않았다.

얼마 후 밝혀진 언론보도에 따르면 그 **코인 회사의 사기 액수만 3,000억 원이라고 한다. 그 후 그 지인과 또 다른 지인의 동생과 나와는 연락이 두절되었다. 그 분들에게 내가 전화를 해도 받지 않으며 친구에게 물어도 아우에게 연락이 안 된다고 한다. 이들 불법 다단계 회사는 돈만 빼앗아간 게 아니라 인격까지 빼앗아갔다.

최근에는 기획부동산 회사들이 더욱 교묘하게 진화했다는 소식이 있다. 절대로 오르지 않을 위치에 있는 무허가 주택을 2,000만 원에 매매했다고 한다. 그 집을 사면 개발될 시점에 건설회사에 3배의 이익을 더해 팔아 주겠다는 확약서까지 써주며 매수인을 유혹한 사건이다. 개발 시점이 6개월 정도라고 속인 것이다.

이렇게 큰돈을 단기간에 벌 수 있다는 유혹에 많은 사람들이 피해를 보았다. '보리 밥 한 알로 잉어를 낚을 수도 있다'고 생각하는 사람들이 의외로 많다. 그러나 그런 일은 정보가 불평등했던 옛날 일이지 지금은 불가능한 일이다. '깍두기 하나로는 한정식을 차려 낼 수 없다.' 또 항공모함은 순양함, 구축함, 잠수함의 보호를 받기 때문에 쉽게 침몰되지 않는다. 큰돈을 버는 데는 그만한 연구와 노력, 그 분야를 공부하는 데 절대적인 시간이 꼭 필요하다.

내가 지인들에게 ACN을 같이 하자고 하면 그들은 대뜸 돈을 얼마나 벌 수 있느냐고 한다. 하지만 '세상에는 공짜 점심은 없다.' 내가 한 일이 별로 없는데 돈이 펑펑 나온다면 문제가 있는 시스템이다. 네트워크 마케팅의 불법 여부를 판단하는 지극히 기초적인 기준은 '합법적인 네트워크 마케팅은 절대로 고수익을 미끼로 하지 않는다'는 것이다.

네트워크 마케팅을
제대로 알기를 희망하며

세상 모든 것이 결국은 자신과의 싸움입니다. 누가 뭐래도 자기 스스로 그 일에 대한 '가치'를 발견하고 열정을 쏟으면 분명 그 싸움에 이기고 정상에 설 수 있습니다. 네트워크 마케팅이 언론 매체에 왜 많이 나오는가. 주변에 네트워크 마케팅을 해 실제로 큰 부자가 된 사람이 있습니다.

그 비밀이나 그 과정이 궁금하다면 무엇보다 100시간씩 공부하고 연구하여 한 번 도전해 보세요. 바로 이 책이 당신의 공부와 연구 시간을 줄여줄 것입니다.

사업을 시작했다 해서 여타의 다른 사업같이 투자 원금을 회수하는 데 많은 시간이 드는 것도 아니고 사업을 중단했다 해서 재고 부담이 생기거나 파산을 하는 것도 아닙니다.

홈런을 치려고 나간 타석에서 삼진 아웃 당한 것처럼 한 번 씩 웃으면 끝나는 사업입니다.

그런데 이 사업은 스스로 가치를 발견하고 도전을 결정한다면 그 순간 성공하는 사업입니다. ACN 플랫폼 비즈니스는 구미 등 26개국에서 지난 26년 동안 검증된 성공이 보장되는 시스템에 동승하기 때문입니다.

하지만 조건이 있습니다. 내가 웃고 상대도 웃게 만드는 ACN 플랫폼 비즈니스도 사업은 사업인 만큼 세 가지 조건이 있습니다.

첫 번째 자신의 Up Line을 철저하게 복제하십시오. 두 번째 본사의 교육, 훈련 세미나에 100% 출석하십시오. 마지막으로 회사 시스템에 온전히 나를 맡기고 1년만 버티십시오.

그럼 당신은 어느 사업에나 있는 어려움을 겪지 않고 분명히 성공합니다. 스스로 가치를 발견하고 정직하게 세 가지 조건만 1년 동안 지키면 내 맘대로 스케줄을 조정할 수 있는 시간 부자, 맘껏 이루고 싶은 꿈을 펼칠 수 있는 경제적 부자, 정신도 신체도 건강한 같은 라인의 상부, 하부 사람들은 물론 세미나나 연수를 같이한 사람들과 친구가 되는 친구 부자가 될 수 있습니다.

또한 그들과 보람된 일들을 함께 꾸리며 인생을 유익하고 즐겁게 살 수 있습니다. 이 책이 넘쳐나는 정보 홍수 속에서 네트워크 마케팅을 제대로 알아볼 수 있는 하나의 단초가 되기를 희망합니다.

특히 제가 몸담고 있는 부동산 중개업계와 제 나이 전후의 실버 세대들이 네트워크 마케팅에 관심을 가지기를 바랍니다. 이 책으로 풀지 못한 궁금증이 있다면 언제고 제가 나서겠습니다.

정상에서 만납시다.

전화 카톡: 010-5216-0550.
e메일 : sh5495005@hanmail.net

블루베리 밭에서 _ 김만순

때 이른 더위가 기승을 부린다
들에서 일하는 사람은 덥고 지치지만
나무는 신나게 푸르러지고
열매는 나날이 다르게 커간다

자식을 돌보는 부모 마음이나
농부의 마음이 같음을 본다
싱싱한 나무를 보고
커가는 열매를 보면서
저절로 고맙다 고개 숙여지고
너무도 많이 달린 열매를 보면서
안쓰러운 나무에게 애쓴다 말해 준다

내리쬐는 햇빛

잠시 그늘에 앉으니

살포시 불어주는 바람

시원한 감로수가 되고

토실히 커가는 블루베리

농부의 꿈이 익어간다

(2012. 5. 25)

글쓴이 김만순은 지난 2010년 서울에서 충북 음성군 삼
성면으로 귀농했다. 그녀는 좋은 환경 맑은 공기 속 넓은
밭에서 하루가 다르게 익어가는 블루베리를 보며 독서와
농장경영으로 건강한 농부의 꿈을 연주하고 있다.

꿈을 연주하는 여든의 노래 _최은혜

꿈의 알갱이를 빚었던 53세
부동산공인중개사 제1회 합격의 기쁨
희망의 꿈나무 가꾸며
대한민국 부동산 소통의 온라인과 오프라인
민초의 혼불 밝힌 80성상(星霜)

"감성은 스무 살 청년이요
지식은 이백 살 현자(賢者)"로
새 역사 이루어낸 국민의 부동산

혹독한 IMF 기후에 휩몰아친
실직의 움츠렸던 젊은 세대에
희망의 꿈 심어 준 김상헌 회장
21세기 한국을 빛낸 인물로
열정 앞에서는 여든도 아직 젊습니다

– 〈여든의 꿈나무〉 시 일부분

칠 년 전《열정 앞에서는 여든도 젊다》에세이집 출판을 축하하며 쓴 시의 일부분이 생각나서 다시 한 번 읽게 되었다. 그동안 여든의 꿈나무는 우리들에게 많은 꿈을 갖게 하고 소박한 계획과 꿈을 실현할 수 있도록 앞장서신 김상헌 회장은 아직도 젊은이보다 더 뜨거운 열정과 지속적인 열정이 내재되어 있는 잠재적 능력에 성실한 모습들은 우리들의 삶 가운데 본받을 부분이 많으신 분이시다. 20대 청년처럼 오히려 우리들에게 희망 에너지를 나누어 주시고 인생 이모작 인터넷부동산사업(공실클럽, 원룸클럽)에 크게 성공하신 김상헌 회장은 87세 나이는 숫자에 불과함을 보여주시는 분이시다.

더 젊게 더 멋진 모습으로 급변하는 시대에 꼭 필요한 《꿈을 연주하는 여든의 노래》를 들려주고자 웅대한 관현악단의 지휘자로 인생 이모작에 비즈니스 성공, 건강성공 120%에 머물지 아니하시고 또 다른 분야에서 4차 산업혁명의 ACN을 만나 끊임없이 배우고 주변의 어려운 사람들에게 함께 나누고 베푸는 것을 즐기며 사시는 김상헌 회장은 인생 삼모작 ACN 사업에 도전하셔서 밤낮으로 더 큰 열정을 가꾸어 가시는 김상헌 회장은 자신감, 도전 정신에 젊은이보다 더 열심히 성실하게 치열하게 최고의 목표를 향해 달려가시는 모습을 뵈온 지도 어언 10년의 세월이 흘러가고 있다.

10년 전이나 현재의 모습이나 자상한 아버지의 모습과 따뜻한 후배 사랑에 한결같이 한 점 부끄럼 없이 진실하게 살아온 80성상(星霜)에도 색다른 계획과 목표를 위해 노력하시는 김상헌 회장께 '꿈을 연주하는 여든의 노래' 시로 응원의 박수를 보내고 싶다.

희망이 행복을 연주하고
개미에서 공룡으로
열정의 바람 일으켜 세운
비씨온라인 공실클럽 원룸클럽
인생 이모작 나의 사업은
성공과 추억 속에 간직하고

새 소망 꿈 주는 파라다이스
4차 산업혁명의 선구자 되어
ACN 코리아 플랫폼 비즈니스
다양한 네트워크 마케팅 서비스
세계의 무대 우뚝 선 글로벌 비즈니스

영원한 성공의 파트너 만나
끊임없이 배우고 도전하는
나의 인생 삼모작에 첫 발걸음

꿈을 포기하지 말고
지금 시작해도 늦지 않으리
여러분과 함께 오늘도 나는
내 생애 아름다운 노래 화음
밤낮으로 목청 가다듬고
꿈을 연주하며 부르는 여든의 노래

성실과 정직 비전 여울진
희망 에너지 나누는 내 인생 삼모작 이야기
다시 한 번
웃음꽃 피우는 건강력
생명 불 밝히는 ACN 플랫폼 비즈니스
자손대대로 억만 년 무지갯빛으로
영원히 빛내리라

김상헌 회장은 여든도 아직 젊고 할 일이 너무 많은 분이시다. 87세에도 매일 연구하고 매일 꿈을 연주하며 움직이면서 뇌의 집중력을 강화하고 새벽산책으로 건강력을 키우시는 한편 네트워크 마케팅 ACN 비즈니스 영원한 파트너 만나 더 바쁜 일상을 보내시며 급변하는 세상을 향해 젊은이보다 더 먼저 앞장서서 새 생명의 빛을 밝히고 희망을 나누고자 이 책을 출간하게 됨을 행복해 하시는 김상헌 회장은 인생 3모작도 성공 대열에 올라 훌륭하게 가꾸시고 이제 남은 시간 가운데 인생 4모작에 도전할 김상헌 회장,

'꿈을 연주하는 여든의 노래' 영원히 부르며 ACN과 함께 응원의 박수 보냅니다.

* 글쓴이 최은혜는 시인이며 시낭송가로 한국문인협회 시치유위원회 이사. 서초문인협회 이사이며 세계선교시낭송예술협회 회장 등으로 활동하고 있다.

참고 자료

ACN 강연 녹취록 - 강연자
나의Up line- *배용진 *최지나
ACN아시아 지역 본부 총괄 부사장- *데니 배
SVP- *우원균 *권순규 *금상구
RVP- *하종석 *이정재 *남리사 *허재원 *박호영
　　*전상필 *김민경 *안금채

책

최재봉,《포노사피엔스》(2019, 샘앤 파커스)
한승진 · 박동욱 · 정재영,《스마트 시대 핫 트렌드 33》
　　(2010, 토네이도)
윤은모,《나는 왜 네트워크 마케팅을 하는가》
　　(2017, 전나무북)
강형철,《네트워크 마케팅 이렇게 해 봤어요》
　　(2016, 모아북스)
송진구,《복제의 기술》(2013, 아름다운 사회)
홍석표,《네트워크 마케팅은 다단계와 무엇이 다른가》
　　(2003, 솔로몬북)

마크 야넬 · 렌느리드야넬 공저, 김정수 옮김,

《네트워크 마케팅 1년 버티면 성공한다》

(2001, 서울 아카데미 북)

로버트 부트윈 저, 손정미 옮김,

《네트워크 마케팅 길라잡이》(2001, 용안미디어)

신현재, 《성공하는 네트워크 마케팅》(2010, 지형)

이영권, 《네트워크 마케팅 스타트 업(Start-up)》

(2010, 아름다운 사회)

마틴 린드스트롬 저, 박세연 옮김,

《누가 내 지갑을 조종하는가》

(2012, 웅진지식 하우스)

리처드 펜튼 · 안드레아 왈츠 공저, 박옥 옮김,

《거절은 나를 다치게 하지 못한다》

(2017, 도서출판 나라)

유투브

*새로운 비즈니스 모델

*플랫폼 비즈니스 ACN 외(外) 다수(多數)

"세상은 주고받는 것이란다.
받은 다음에야 주려고 하면
기다리는 사람은 없어."

- 한상복의 〈배려〉에서 -

꿈을 연주하는 여든의 노래

•

지은이 / 김상헌
발행인 / 김영란
발행처 / **한누리미디어**
디자인 / 지선숙

•

08303, 서울시 구로구 구로중앙로18길 40, 2층(구로동)
전화 / (02)379-4514, 379-4519
Fax / (02)379-4516
E-mail/hannury2003@hanmail.net

•

신고번호 / 제 25100-2016-000025호
신고연월일 / 2016. 4. 11
등록일 / 1993. 11. 4

•

초판발행일 / 2019년 9월 10일

•

•

값 9,000원

•

ISBN 978-89-7969-806-0 13320